MANIFIESTO DEL SENTIDO COMUN

Primera edición

Copyright © 2012 Frans Doorman

Este trabajo es bajo licencia del Creative Commons Attribution-NonCommercial-NoDerivs 2.0. Para ver una copia de esta licencia, visite:

http://creativecommons.org/licenses/by-nc-nd/3.0/

ISBN: 978-1-304-09906-8

Palabras claves: desarrollo sostenible, desarrollo global, economía, nueva economía, crisis económica, ciencia social, Cuarta Vía

Publicado en internet a través de Publicitaria Lulu,: www.lulu.com

Traducido del Inglés al Español por Francisco Mendez

Esta es una versión resumida del libro *"Crisis, Economics and the Emperor's Clothes: Why economics fails to deal with society's economic, environmental and social problems, and what to do about it"* (en Español: *"Crisis, Economía y el Ajuar del Emperador: Por qué la economía no es capaz de abordar los problemas económicos, ambientales y sociales, y qué hacer al respecto"*, también publicado por Publicitaria Lulu. Para más información, visite http://new-economics.info/inicio/

Nota: En Abril 2012, la expresión Manifiesto del Sentido Común generó (en Ingles) 4580 resultados en Google. El término ha sido utilizado por varios grupos e individuos, pero aparentemente nadie ha reclamado derechos de exclusividad.

El término Cuarta Vía tenía (en Inglés) 634.000 resultados, refiriéndose primariamente a un abordaje sobre el autodesarrollo, originalmente creadas por dos esotéricos rusos, al inicio del siglo veinte. Por lo menos en Inglés, el término Cuarta Vía no ha sido utilizado desde una perspectiva política, y es evocada en lo adelante como el conjunto de ideas económicas y políticas, descritas en este manifiesto y en el libro "Crisis, Economics and the Emperor's Clothes".

MANIFIESTO DEL SENTIDO COMUN

La Cuarta Vía: Cómo una nueva ciencia económica puede contribuir a crear una sociedad próspera, socialmente inclusiva y ambientalmente sostenible

Frans Doorman

TABLA DE CONTENIDO

PROPOSITO

La Cuarta Vía : Promoviendo el desarrollo sostenible a través de una nueva economía

Este manifiesto tiene como objetivo contribuir al desarrollo sostenible: el proceso destinado a crear una sociedad económica y socialmente inclusiva y ambientalmente sostenible. Ofrece las líneas generales de una Cuarta Vía, que es una alternativa a las ideologías de derecha, a las ideologías de izquierda, y a la Tercera Vía. La Tercera Vía es una combinación de políticas sociales de izquierda y políticas económicas de derecha, que cobró impulso en la década de 1990 como la nueva ideología política de muchos partidos socialdemócratas, sobre todo en Europa. La Cuarta Vía tiene en común con la Tercera Vía la atención a la política social como un medio para proporcionar igualdad de oportunidades a todos los ciudadanos. Sin embargo, la Cuarta Vía difiere radicalmente en su enfoque de la política económica. Teniendo en cuenta las desastrosas consecuencias de las políticas económicas de derecha desde la década del 1990, hoy es mayor que nunca la necesidad de una alternativa radical que contribuya a la inclusión económica y social, y a la responsabilidad ambiental.

El objetivo de la Cuarta Vía, en cuanto al fomento del desarrollo sostenible, requiere una reformulación de los fundamentos de la economía. Una nueva economía es necesaria para rescatar la economía mundial de la crisis económica y financiera que se inició en el 2007, así como para liberar el potencial productivo de la sociedad, de manera que pueda hacer frente a los problemas económicos, sociales y ambientales. Este manifiesto muestra las deficiencias de la economía convencional y aboga por una nueva economía: una ciencia social que le dé un mejor entendimiento en los procesos económicos, que ayude a liberar el potencial productivo de la humanidad, y que utilice ese potencial para enfrentar los desafíos sociales, económicos y ambientales de la sociedad.

El libro: Crisis, Economía y el Ajuar del Emperador

Una elaboración más detallada de los argumentos presentados en este manifiesto se presenta en el libro *"Crisis, Economics and the Emperor's Clothes: Why economics fails to deal with society's economic, environmental and social problems, and what to do about it"* (traducción en Español: *"Crisis, Economía y el Ajuar del Emperador: Por qué la ciencia económica no es capaz de abordar los problemas económicos, ambientales y sociales de la sociedad, y qué hacer al respecto"*[i]. Este libro, más amplio que este Manifiesto, presenta un trasfondo mucho más firme y una justificación más amplia de las propuestas de gran alcance para reformular la economía, y aborda con mucho más detalles sobre la forma de generar desarrollo sostenible.

A las personas interesadas en más detalles, en un análisis fundamentado de las deficiencias de la economía convencional, en un esquema más detallado de una nueva economía, y en ideas más elaboradas sobre la política económica y financiera, se recomienda la lectura del libro. Este manifiesto presenta un primer esbozo de la Cuarta Vía, con especial atención a las consecuencias de las deficiencias de la rama económica, los remedios para esas diferencias y las nuevas políticas económicas necesarias para resolver la crisis económica y crear una sociedad sostenible.

Para quién?

Este manifiesto está dirigido a personas que quieren que la sociedad encuentre una salida a la crisis del 2007; a las que están preocupadas por el estado actual de la humanidad, y a las que se preocupan por el destino de las generaciones futuras. También está dirigido a las que empiezan a reconocer que la economía convencional no ofrece soluciones a los problemas de hoy, y a las que ven que ya es necesario que la sociedad comience a abordar seriamente los problemas sociales y ambientales a nivel nacional y mundial. Si usted es esa persona, y si usted cree que este manifiesto merece la atención de los demás, incluidos los economistas, los políticos y otros líderes de opinión, entonces tenga la amabilidad de llamar su atención en la forma que estime conveniente, por ejemplo, al referirse a este manifiesto, el libro Crisis, Economics and the Emperor´s Clothes, el sitio web www.new-economics.info, y a la página del Manifiesto del Sentido Común en el portal de Facebook.

Agradecimientos

Este libro hace un amplio uso de las obras de dos economistas críticos. Mi principal fuente es Paul Ormerod, quien en su libro *La Muerte de la Economía*, trata eficazmente con los fracasos de la economía estándar, en particular, el modelo de equilibrio competitivo. En menor medida también hago uso del libro de Deirdre N. McCloskey, *Los Vicios de los Economistas - Las Virtudes de la Burguesía*, en que demuestra convincentemente que gran parte de la economía es ciencia inadecuada, debido a la aplicación errónea de las matemáticas y la estadística. Sin embargo, a pesar de estar de acuerdo con el análisis del problema, discrepo radicalmente con Ormerod y McCloskey sobre las soluciones: las características de una nueva economía. Y probablemente, difiero aún más radicalmente en mi punto de vista sobre cómo se debe utilizar tal nueva economía para resolver los problemas de la sociedad.

Las siguientes personas comentaron sobre un primer borrador de *Crisis, Economics and the Emperor's Clothes* y, al hacerlo, me ayudaron mucho en el fortalecimiento de su enfoque: Toon van Eijk, Quirin Laumans, Dirk Bol, Ton de Klerk, Luc de Ruijter, Martin Zwanenburg, Maarten Schröder, Theo Baken y Heko Köster. Bernhard Schmidt comentó una versión posterior, y dio sugerencias válidas para hacer el argumento más inclusiva. Jennifer Peters y Robin Doheny revisaron el Inglés, y hicieron correcciones y mejoras importantes. Francisco Mendez hizo un trabajo excelente en la traducción del original *The Common Sense Manifesto* del Inglés al Español. Gracias a todos ellos. Mi gratitud se dirige también a Wikipedia, del cual hice un amplio uso para escribir *Crisis, Economics and the Emperor's Clothes* y por lo tanto, esta versión abreviada del libro. Por último, agradezco a mi esposa Cristina por su paciencia conmigo, sobre todo cuando por enésima vez me retiré a mi cuarto con la excusa "tengo que trabajar en mi libro!"

Resumen del manifiesto y el libro: catorce proposiciones

Las principales ideas del *Manifiesto del Sentido Común* y del libro *Crisis, Economía y el Ajuar del Emperador* se resumen en 14 proposiciones, presentados en las páginas siguientes.

PROPOSICIONES

1) La economía convencional se equivoca en su intento de captar la realidad en modelos matemáticos. Recetas teóricas estándares de economía y política, derivadas del modelo de equilibrio competitivo, se basan en simplificaciones y suposiciones tan alejadas de la realidad que su uso lleva a una visión distorsionada de la realidad económica.

2) La economía convencional, en lugar de probar sus modelos y las hipótesis con la realidad, los trata como verdades universales. El fracaso de la economía para descartar el modelo de equilibrio competitivo, a pesar de la abrumadora evidencia que no funciona, hace que la economía se asemeje más a la fe que a la ciencia.

3) La dependencia de la economía convencional en el modelo de equilibrio ha llevado a dos males principales: el fetichismo del mercado y la fe en el equilibrio. Fetichismo del mercado conduce a la idolatría de los mercados, que son vistos como los únicos creadores de riqueza y la única manera de resolver problemas de la sociedad de una manera eficiente. La fe en el equilibrio sostiene que los mercados tienden naturalmente a un estado ideal en el que se asignan los recursos de manera óptima. Ninguna hipótesis se basa en la realidad, pero todas son decisivas en la formulación de la política económica y financiera.

4) El hecho de no evaluar críticamente el modelo de equilibrio competitivo ha conducido a prescripciones políticas generales que han resultado en dogma más bien que en recomendaciones con una base científica. El dogma económico ha contribuido a la crisis del 2007; pero también ha inhibido la recuperación de esta crisis y sus consecuencias. Además ha dado lugar a crecientes desequilibrios en la economía, sienta las bases para futuras crisis, y frena a la sociedad en hacer frente a sus problemas sociales y ambientales.

5) La economía no es más que el resultado agregado de la toma de decisiones humanas en materia económica. La suposición de la economía convencional, de que existe una realidad económica más allá de esa toma de decisiones, con su propia dinámica y leyes universales, es una fe. El intento de convertir la economía en una ciencia natural "dura", que trata de expresar esas leyes imaginarias en ecuaciones matemáticas, es un error.

6) La economía debe utilizar la metodología de las ciencias sociales para el estudio de la esencia y los resultados de la toma de decisiones. El uso de la matemática para describir la realidad económica debe ser sustituido por un enfoque basado en métodos empíricos, tales como la observación, entrevistas y experimentos, y razonamiento inductivo.

7) La idea del equilibrio ha llevado a la economía y a los economistas a obviar varios acontecimientos fundamentales en la economía real. Lo principal es la brecha creciente entre la demanda económica (demanda respaldada por la capacidad de pago) y la capacidad productiva. Esta última aumenta rápidamente a través del desarrollo tecnológico, mientras que la demanda cae por debajo debido al

estancamiento de los ingresos de los estratos de bajos y medianos ingresos, y el dogma económico de reducir el gasto del Estado.

8) En las últimas décadas la creciente brecha entre la capacidad productiva y la demanda ha sido opacada por el suministro y el uso excesivo del crédito, con valores de activos inflados para compensar el estancamiento de los ingresos. La crisis del 2007 ha puesto fin a esto, abriendo la perspectiva de una prolongada y auto reforzada recesión.

9) Otro fenómeno olvidado por la economía es la existencia de una economía "financiera" o "especulativa". A esta economía se la puede ver funcionando en paralelo pero en interacción con la economía "real" en la que se lleva a cabo la producción y el consumo de bienes y servicios. El dinero en esta economía financiera se utiliza a gran escala para la especulación, lo que aumenta la riqueza en el corto plazo, pero luego conduce, inevitablemente, a las crisis financieras, como ocurrió en el 2007.

10) La economía de hoy no ofrece soluciones a la creciente brecha entre la demanda y la capacidad productiva y, por tanto, no hay salida de la difícil situación económica de la sociedad. Por el contrario, las recetas económicas tradicionales de libre comercio sin restricciones, la reducción de impuestos, la liberación de los mercados laborales y la reducción del tamaño del gobierno amplían aún más la brecha entre la productividad y la demanda económica. Además, estas recetas convencionales de política económica resultarán en que se canalice más dinero a la economía especulativa, contribuyendo a nuevas crisis.

11) El enfoque económico convencional hacia la maximización de la eficiencia en la asignación de recursos para satisfacer la demanda económica, se desvincula de los principales problemas sociales, como la pobreza y el deterioro ambiental. Una nueva economía aplicada debe centrarse en proporcionar conocimientos y herramientas para lograr el mayor bienestar para el mayor número de personas, garantizando al mismo tiempo que se satisfagan las necesidades básicas de todas las personas, ahora y en el futuro.

12) El enfoque hacia el equilibrio y el fetichismo del mercado imponen una escasez artificial de dinero en la economía real. La creación de dinero para su uso por el Estado es el único curso de acción para resolver el problema de la brecha cada vez mayor entre la capacidad productiva y la demanda, y la única manera de sacar a la economía de la recesión posterior al 2007. Tal creación de dinero también es esencial para desarrollar la capacidad productiva de la sociedad, para satisfacer tanto la demanda económica como la demanda "societal": la demanda generada por el interés común, tales como la conversión hacia una "economía verde" y la reducción de la pobreza.

13) La creación de dinero para su uso por los gobiernos no provocará inflación si se puede mantener la confianza en el valor del dinero, y si se monitorea para que la demanda total no exceda la capacidad de producción. Ambas condiciones se pueden cumplir si, como hoy, la creación de dinero se delega a los bancos centrales independientes. No hay razón para temer por la inflación sobre la base de la teoría

cuantitativa del dinero, ya que esta teoría se basa en supuestos falsos y análisis deficientes, como resultado de la fe del equilibrio.

14) Si los economistas no son capaces de reinventar su profesión, los no economistas tendrán que obligarlos a hacerlo. Este impulso para el cambio debe provenir de un frente amplio de ciudadanos interesados de corazón en el futuro de la humanidad. El primer paso en el camino hacia el cambio es cuestionar la validez de la teoría y práctica económica actual. El segundo paso es abrir el debate sobre la creación de dinero para ser usado por el Estado, a fin de permitir el pleno desarrollo de la capacidad productiva de la sociedad, para que esta pueda hacer frente a sus problemas económicos, sociales y ambientales.

PREFACIO

Preguntas

Pregúntese usted mismo: ¿Por qué los enormes avances en la ciencia y en la tecnología, especialmente en los últimos cincuenta años, no han generado más riqueza, más bienestar y una perspectiva más brillante para la humanidad? ¿Cómo es posible que a pesar de esos avances, el ingreso real de los grupos de ingresos bajos y medianos apenas ha aumentado desde los años 80 del siglo pasado, y en algunos casos hasta se ha reducido? ¿Por qué no estamos recuperándonos de la crisis económica y financiera que se inició en el 2007? ¿Por qué muchos predicen que millones de personas más perderán sus trabajos y hogares, mientras que los gobiernos y consumidores se hunden más en deudas?

Adicionalmente, mientras tratamos esto, ¿por qué, a pesar de los enormes avances en el conocimiento, la tecnología y la productividad, la mayoría de la población mundial sigue viviendo en la pobreza, con pocas perspectivas de mejora? ¿Por qué la perspectiva sobre el medio ambiente mundial se está deteriorando rápidamente, a pesar de que existe la tecnología para resolver los problemas? ¿Por qué no podemos hacer lo que sea necesario para salvaguardar el bienestar de las generaciones futuras, ocupándonos finalmente de cuestiones como el calentamiento global, la escasez de agua, la contaminación y la pérdida de tierras agrícolas y de ecosistemas naturales?

Una respuesta parcial

Este manifiesto sostiene que las respuestas a las preguntas anteriores se encuentran, más que nada, en los preceptos y prácticas viciadas de la economía. El problema reside en el núcleo de la ciencia económica: el modelo de equilibrio competitivo. Economistas críticos, y otros, han argumentado que la mayoría de los preceptos subyacentes a este modelo son simplificaciones; y peor, distorsiones de la realidad. Sin embargo, el modelo sigue siendo la base de la teoría y la práctica económica. Peor aún, los dogmas que resultan del modelo generan recetas de política económica que magnifican los problemas que estamos enfrentando o, en el mejor de los casos, dificultan las soluciones.

Recetas de política económica: un obstáculo para el desarrollo

Las recetas de política económica han contribuido a crecientes desequilibrios en la economía mundial, lo que ha resultado en una crisis financiera y en una recesión económica cuyo final no se vislumbra. Peor aún, el dogma económico dominante coloca la capacidad productiva global en una camisa de fuerza que impide la plena utilización de tecnologías, recursos naturales y recursos humanos, para hacer frente a los principales problemas de la sociedad. Esto contribuye a perpetuar la pobreza, pone a los pobres a vivir en condiciones pésimas y, debido al rápido deterioro del entorno global, crea un panorama sombrío para las generaciones futuras.

Economía: demasiado importante para dejársela a los economistas

La economía es demasiado importante para dejársela a los economistas. En primer lugar, porque su influencia en la formulación de políticas y, por tanto, en nuestra vida cotidiana, es demasiado importante como para ser ignorada. En segundo lugar, porque los economistas del siglo pasado demostraron ser incapaces de enfrentar las fallas de su misma profesión. Tercero, y más importante aún, porque los problemas económicos, los problemas ambientales y los problemas sociales no pueden abordarse eficazmente si nos aferramos al dogma económico.

Por qué y para quién es este manifiesto?

Este manifiesto está dirigido a personas interesadas en soluciones para los problemas económicos, ecológicos y sociales que enfrenta la sociedad. Es un llamado a la acción: a desafiar a los economistas sobre la validez de su ciencia. Necesitamos una nueva economía que explique mejor los fenómenos económicos, y más importante aún, que provea a la sociedad de las herramientas adecuadas para hacer frente a los numerosos desafíos del siglo 21. Una nueva economía debe dar lugar a la sustitución de los conceptos equivocados y políticas económicas que ahora se interponen en el camino de enfrentar de manera eficaz los problemas de la sociedad.

Su rol en la creación de una nueva economía

Ya sea usted un científico o una persona laica: si está convencido, aunque sea en parte, por los argumentos expuestos en este manifiesto, su ayuda será necesaria para derrocar el pedestal sobre el que los economistas se han puesto a sí mismos. Las premisas económicas, la teoría y las prescripciones políticas tienen que ser impugnadas, no para erradicar lo que está en la parte superior del pedestal, sino para reconstruirlo. Los economistas tienen que ser convencidos o forzados a practicar la economía utilizando paradigmas y métodos mejorados.

1   LOS DEFECTOS DE LA ECONOMIA

Fe, en lugar de ciencia

Los practicantes de la economía a menudo parecen comportarse como creyentes, más que como científicos. Idealmente, los científicos desarrollan teorías, y luego las ponen a prueba contra la realidad. Si el resultado refuta (o mejor, en el lenguaje científico, falsifica) la teoría, ésta se adapta o se sustituye por una nueva teoría, que también se somete a prueba. La mayoría de los economistas, sin embargo, no hacen tal cosa, por lo menos no con sus preceptos y modelo básicos: el modelo de equilibrio competitivo, que se discutirá en mayor detalle más adelante. Es como que tienen este modelo, y las ideas que subyacen al mismo, como una verdad universal, eterna, inalterable. Esto es similar a la creencia en un Dios. En la fe religiosa, los creyentes no prueban sus creencias con la realidad, sino que sobre ellas refinan y construyen un sistema de creencias derivadas. Este sistema de creencias es entonces defendido contra todos aquellos que se atreven a cuestionarlo. La teoría económica, o mejor dicho – de acuerdo con la religión – el dogma económico, responde a esta descripción en un grado considerable. El fracaso de los economistas para poner a prueba sus creencias básicas de la realidad, y a rechazar esas creencias cuando se contradicen con la realidad, es una de las razones por las cuales los economistas siguen equivocándose tan a menudo.

Método con defectos

El método científico se basa en el principio de la falsificación. La falsificación implica que para ello los científicos tienen que hacer todos los esfuerzos posibles para refutar su propia teoría en contra de los hechos, es decir, mediante la búsqueda de resultados que refutan la teoría. A mayor amplitud, en un intento de falsificación, se espera mayor calidad del proceso científico. Cuando se trata de su modelo básico de equilibrio competitivo, los economistas tienen poca afinidad con la falsificación y, por lo tanto, con el proceso científico. Lo que es peor es que, en lugar de poner a prueba su teoría en contra de la realidad, a menudo tratan de confirmar la validez de sus resultados a través del uso selectivo de los datos. Desde la perspectiva científica, eso es un pecado capital.

Es justo decir que algunos economistas han probado críticamente el modelo de equilibrio y sus supuestos. Sin embargo, aun cuando encontraron que el modelo de equilibrio no funcionó, no tomaron el siguiente paso lógico: su rechazo. La economía convencional por lo tanto sigue usando el modelo como una representación adecuada de la realidad económica. Peor aún: implícita o explícitamente, la economía convencional parece considerar el modelo como una verdad universal: es válido en todas partes en todo momento. En las ciencias sociales, un determinismo tal es un error fundamental: la realidad humana no es ni universal ni eterna, sino sujeta a cambios constantes. Y la economía, tratándose de la toma de decisiones, es una ciencia social - a pesar de que muchos economistas prefieren considerarla como una ciencia natural.

Causa y efecto

Un elemento clave en el proceso científico es el análisis de la causalidad: qué causa qué? Causalidad se determina en parte sobre la base de la correlación: el grado en que cambios en el valor de una variable coinciden con los cambios de otra variable. Sin embargo, el hecho de que una variable cambie con el cambio de otra no significa siempre de que existe una relación causal entre ambas. En otras palabras, la correlación no prueba necesariamente la causalidad. Puede haber una tercera variable (variable independiente) que influye en las dos primeras variables entre las cuales hay correlación (las variables dependientes), motivando a que ambas (las dependientes) cambien.

Los economistas hacen inadecuados análisis causa-efecto de los fenómenos económicos. Un error particularmente notable, que haría al practicante objeto de burlas en cualquier otra ciencia, es sacar conclusiones de la comparación entre países. En otras ciencias, como la medicina, los investigadores comparan miles o incluso decenas de miles de "sujetos de investigación", individuos humanos, para investigar los efectos de un determinado comportamiento o intervención. Cualquier investigador médico que concluya basándose, por ejemplo, en los efectos del tabaco sobre la esperanza de vida, mediante la comparación de sólo un par de docenas de fumadores y de individuos no fumadores, sería el hazmerreír de su profesión. Tales grupos pequeños no permiten establecer con claridad una correlación, por no hablar de una relación de causa y efecto entre dos variables, ya que hay muchos otros factores que pueden influir en la variable dependiente, esperanza de vida. Sin embargo, cuando los economistas comparan los países para establecer si, por ejemplo, el libre comercio estimula el crecimiento económico, ni siquiera mencionan la posibilidad de que otros factores que el libre comercio también podrían influir en el crecimiento económico. Tampoco se utilizan los métodos científicos establecidos para eliminar la influencia de tales factores.

Economía y la conducta humana

Los científicos sociales no-economistas reconocen que su objeto de estudio, el comportamiento humano, es altamente impredecible, y es demasiado complejo para ser tratado como una simple relación causa y efecto. Lo mismo es, o debería ser, el caso en la economía: tanto como las demás ciencias sociales, en la economía se trata del comportamiento humano. Sin embargo, en lugar de tratar de dar sentido a las complejidades del comportamiento humano, con el fin de mejorar su comprensión de cómo se toman las decisiones económicas y cómo esto afecta a la economía en general, la mayoría de los economistas se adhieren a dogmas y modelos que representan un sistema operativo inanimado, expresado en ecuaciones matemáticas, en un mundo sin tiempo, dirigido por leyes de validez universal. Es esta interpretación extraña y errónea de la realidad, esta concepción equívoca de lo que es esencialmente un fenómeno psicosocial, lo que lleva a las predicciones desacertadas. No obstante, a pesar de la abrumadora evidencia de las fallas en la imagen del mundo de la economía tradicional, los economistas siguen basándose en su doctrina y en su percepción del mundo como un sistema regido por leyes que, como en las ciencias físicas, pueden ser expresadas en ecuaciones matemáticas,

La creencia en una teoría, a pesar de una amplia evidencia de que está mal, se considera como ciencia deficiente. Incluso si los resultados de su aplicación son correctos, es probable que eso sea fruto del azar y no del conocimiento científico. También, en los pocos casos en que la economía predice correctamente, puede ser el resultado de profecías autocumplidas. En la economía, a diferencia de cualquier otra ciencia, las predicciones económicas pueden convertirse en tales profecías. Ciertas cosas en las que los economistas y comerciantes financieros están de acuerdo que sucederán, en realidad ocurren porque sus puntos de vista inducen el tipo de comportamiento que hace que los fenómenos previstos se conviertan en realidad.

Abusando de los clásicos: Smith y Ricardo

Los economistas a menudo invocan los dos economistas clásicos más destacados, Adam Smith y David Ricardo, para dar legitimidad a sus puntos de vista. Smith se cita a menudo para apoyar la opinión del "laissez-faire": reducir al mínimo la interferencia en los mercados, para que las fuerzas del mercado puedan hacer su trabajo saludable sin ser obstaculizado por las reglas, regulaciones, subsidios, contribuciones, impuestos y otras medidas distorsionantes impuestas por el gobierno. Ricardo se invoca a menudo cuando la política de libre comercio es cuestionada por personas escépticas.

Adam Smith abordó el concepto de que la búsqueda del interés propio, por individuos y empresas, beneficia a la sociedad en su conjunto a través de lo que él llamó "la mano invisible del mercado". Esta fuerza orienta las acciones económicas motivadas por el interés propio, por productores y consumidores, de tal manera que tanto ellos mismos como la sociedad en su totalidad se benefician. Sin embargo, Smith no hizo del mercado la entidad idealizada por la economía convencional. Un tema central de su pensamiento es cómo los sentimientos, como la empatía y el deseo de obtener la aprobación de los demás influencian el comportamiento humano. El comportamiento correspondiente al auto-control y a la cooperación con los demás es totalmente contrario al puro interés propio que la economía convencional considera la fuerza motriz del comportamiento humano: el comportamiento del "hombre económico racional" o "Homo economicus". Es cierto, Smith vio la búsqueda del interés propio como el motor de una economía exitosa. Sin embargo, Smith argumentó que la mano invisible sólo puede trabajar su magia en el contexto de una visión compartida de lo que constituye un comportamiento razonable.

Smith consideró que los valores individuales, los sistemas de valores sociales y la cohesión social son temas importantes que deben analizarse conjuntamente con el funcionamiento de la economía. En agudo contraste, la economía convencional de hoy en día ve la economía como un sistema que puede ser analizado de forma aislada. El marco institucional, la experiencia histórica y el marco general de la conducta humana y de grupos están excluidos de la teoría económica convencional.

Las ideas de los economistas clásicos como Adam Smith se usan selectivamente para promover postulados basados en ideologías políticas. Ideas que apoyan los postulados son asumidas con gratitud, mientras que las ideas contrarias son convenientemente ignoradas. Por otra parte, los economistas no reconocen que las teorías de Smith y Ricardo se desarrollaron en un ambiente muy diferente al de hoy. Si vivieran hoy día, tanto Smith como Ricardo bien podrían haber sido los primeros en adaptar sus teorías y recomendaciones de políticas a las circunstancias actuales.

Distorsiones a las ideas de Keynes

El abuso a los economistas clásicos ha encontrado, en gran medida, una continuación en el tratamiento que se ha dado al gran economista John Maynard Keynes. Keynes, al igual que los economistas clásicos, enfocó el análisis de los grandes temas económicos de su época, tanto para entender lo que estaba sucediendo como para llegar a soluciones viables. En la época de Keynes el mayor de los temas fue la Gran Depresión de la década de 1930 y, más concretamente, los enormes niveles de desempleo y la miseria resultante para millones de personas.

Keynes, que puede considerarse el más grande economista del siglo 20, ganó prominencia en los años 1930 y 1940. Sus recomendaciones de política fueron influyentes hasta bien entrada la década de 1970, y se han convertido de nuevo en referentes durante las secuelas de la crisis del 2007. La idea principal de Keynes fue que las crisis económicas no podían ser tratadas vía la reducción de los salarios y de las tasas de interés, como proclamaron los economistas ortodoxos. Para ellos la contracción económica, marcada por el aumento del desempleo y un menor número de puestos de trabajo, llevaría a los trabajadores a aceptar salarios más bajos. Al mismo tiempo, la falta de atractivas oportunidades de inversión podría reducir las tasas de interés. Así, el mercado estaría haciendo su trabajo: la reducción de la demanda obligaría a bajar los precios de mano de obra (salarios) y del capital (tasas de interés), que en algún momento, se suponía, iban a llegar tan bajos como para que fuera atractivo de nuevo el invertir y el contratar mano de obra. La inversión y la contratación resultante renovarían el crecimiento económico, y las cosas volverían a la normalidad: un estado de equilibrio en el cual el trabajo y el capital se utilizarían de manera óptima.

Keynes señaló que la reducción de los salarios bajaría los ingresos y, por ende, el consumo y la demanda agregada. Eso podría provocar una espiral auto reforzada hacia abajo - como de hecho parece que fue el caso en la Gran Depresión de la década de 1930. Keynes, por tanto, sugirió aumentar la demanda poniendo el gobierno a gastar más, por ejemplo en obras públicas. Al invertir y consumir, el gobierno crearía la demanda y el empleo, impulsando la economía hacia arriba. Al mismo tiempo, los impuestos podrían reducirse temporalmente para aumentar la demanda. Keynes propuso la financiación de tales estímulos a través de préstamos del gobierno - otra afrenta a la economía clásica, que juraron por un presupuesto equilibrado. Keynes, sin embargo, sugirió que los déficits temporales serían aceptables siempre que los préstamos fueran pagados cuando la economía se pusiera en marcha de nuevo. Eso podría hacerse aumentando los impuestos a los niveles anteriores y a través de los ingresos fiscales adicionales generados por el crecimiento generado.

Con su obra, Keynes sentó las bases para una teoría más avanzada de la macro-economía: el ramo de la economía que estudia cuestiones económicas a nivel mayor, por lo general de las economías nacionales (la microeconomía analiza el comportamiento de los individuos y las empresas). Sin embargo, como sucede con muchos grandes pensadores, las enseñanzas de Keynes han sido distorsionadas por muchos de sus seguidores. La crítica de Keynes no se limitó a la visión ortodoxa del desempleo y su énfasis en que el gobierno no debería intervenir en la economía. Keynes creía que todo el cuerpo de la teoría económica ortodoxa, incluyendo el modelo de equilibrio competitivo, ofrecía una visión del mundo que era gravemente engañosa. En consecuencia, cualquier intento de utilizar el modelo para implementar la política económica podría tener resultados desastrosos. Pero al tratar de dirigir la economía en la dirección correcta Keynes eligió, de acuerdo al economista Paul Ormerod, una estrategia equivocada. Keynes esperaba que mediante el uso de los preceptos de la economía ortodoxa él iba a poder convencer a sus colegas economistas de la validez de su análisis. Desafortunadamente, esto lo que hizo fue permitir que otros economistas interpretaran la obra de Keynes como un caso particular de la teoría más general de la economía ortodoxa, como una variación del modelo de equilibrio competitivo. En su crítica de la economía ortodoxa, entonces, no fueron los argumentos de Keynes que no alcanzaron, sino su estrategia de persuasión.

La estrategia de Keynes condujo al desarrollo de la principal corriente económica Keynesiana, que fue absorbida como un caso especial dentro del modelo general que subyace a la economía ortodoxa. Al menos parte de los economistas tradicionales que ahora se presentan como herederos de Keynes están promoviendo conceptos y teorías que con toda probabilidad no habrían sido apoyados por el propio Keynes.

2   COMO LA ECONOMIA PERDIO EL RUMBO

El equilibrio competitivo: características y fallas

Economistas críticos y otros han argumentado de manera convincente que muchos de los preceptos y las hipótesis que sustentan el modelo de equilibrio competitivo son simplificaciones y, peor aún, distorsiones de la realidad. Conjuntamente con una errada metodología estas deficiencias dan lugar a un fracaso, sin paralelo en ninguna otra ciencia, para analizar correctamente y predecir los fenómenos que constituyen el objeto de la economía.

El modelo de equilibrio competitivo intenta expresar a través de un modelo matemático lo que sucede en la economía. Los fundamentos fueron elaborados por León Walras, un economista suizo que originalmente se educó como físico, al final del siglo 19. Al día de hoy este modelo constituye el núcleo de la teoría económica convencional, en particular de la corriente dominante conocida como la economía neoclásica. Como tal, se sigue enseñando a los estudiantes de economía en todo el mundo.

El modelo de equilibrio competitivo es un conjunto de ecuaciones matemáticas que representan un sistema económico, tal como una economía nacional. Dentro del sistema, los precios son determinados por la interacción de un sinnúmero de actores económicos que están en competencia perfecta. Debido al número infinito de actores, ninguno es capaz de influir en los precios de los productos o mano de obra. Así, el sistema se balancea, es decir que llega al equilibrio, en el que están perfectamente alineadas la oferta y la demanda y todos los recursos se asignan de una manera óptima. Entonces, equilibrio implica que la economía opera con la eficiencia más alta posible, lo que significa que los recursos se asignan de la manera más eficiente.

Del análisis de la realidad a los modelos matemáticos

La introducción del modelo de equilibrio competitivo significaba una ruptura importante con el trabajo de los economistas clásicos, como Adam Smith y David Ricardo. Esos economistas observaban la realidad y luego se desarrollaba la teoría para explicarla, teniendo en cuenta aspectos institucionales, sociales, políticos y factores históricos. Ellos también prestaron atención a los principales cambios en la economía a través del tiempo, y a los efectos de estos cambios sobre variables claves, tales como el crecimiento económico y el empleo. El enfoque de Walras sobre la economía difiere radicalmente. Él trató de articular una teoría que se creía que era verdad en todas las economías en todo momento. El crecimiento se daba por sentado y se obviaban los problemas de las fluctuaciones económicas y el desempleo, que ocuparon un lugar destacado en los escritos clásicos. En cambio, la forma en que una cantidad dada de recursos se podía asignar más eficientemente entre los consumidores particulares y empresas se convirtió en la cuestión clave de la economía.

Asunciones no reales

Para afinar su modelo matemático, Walras tuvo que hacer una serie de suposiciones que hicieron que su modelo casi perdiera toda relación con la realidad. Una de ellas era el concepto de competencia perfecta: un número infinito de productores y consumidores, ninguno de los cuales pueden influir en los precios de mercado. Un segundo supuesto es que todos los actores actúan, económicamente hablando, de manera perfectamente racional, es decir, tomando las decisiones que maximizan la utilidad económica. Un tercer supuesto es que todos los actores disponen de toda la información necesaria para la toma de decisiones económicas, lo que les permite tomar decisiones que resultan en la ya mencionada máxima utilidad económica. En términos económicos: el modelo supone un sistema de precios totalmente conocidos: información perfecta.

Dos de estos tres supuestos básicos, los de los tomadores de decisiones económicas perfectamente racionales y la información perfecta, están tan alejados de la realidad que es difícil imaginar cómo un modelo basado en ellos podría representar cualquier economía real. Como seres humanos, los agentes económicos están lejos de ser cien por ciento económicamente racionales: los factores sociales, psicológicos, culturales, biológicos, y otros, también influyen en el comportamiento. En consecuencia, las personas no siempre actúan para maximizar la utilidad económica, como asume el modelo de equilibrio. El supuesto de información perfecta es aún menos realista, sobre todo en economías nacionales altamente complejas, y una economía mundial aún más intrincada. En cuanto a competencia perfecta: sólo unos pocos mercados de productos se acercan al ideal, la gran mayoría no lo hacen.

Funciona el modelo?

Por supuesto, el modelo de equilibrio es sólo una representación de la realidad. La calidad de un modelo depende de su adecuación en esa representación. El hecho de que la economía convencional haga un pobre trabajo en la predicción de las variables económicas y los acontecimientos, sugiere que el modelo no funciona. Teniendo en cuenta los supuestos del modelo, apenas alcanza a sorprender: es excesivamente teórico, una representación idealizada y por lo tanto, distorsionada de la realidad económica. Por definición, cualquier modelo necesariamente abstrae y simplifica la realidad. Pero si sus supuestos básicos están demasiado alejados de la realidad, los resultados del modelaje conducen a una distorsión de lo que realmente está pasando.

Muchos economistas tienen serias dudas sobre la validez del modelo de equilibrio. Algunos basan sus dudas en los resultados teóricos - en otras palabras, en una mayor exploración matemática de la teoría del equilibrio. Llegan a la conclusión de que, salvo en las condiciones que ellos describen como "extremadamente restrictivas", muchas propiedades del modelo, tales como los sistemas de precios plenamente conocidos, son simplemente falsas.

En 1930 Keynes ya escribió lo siguiente sobre el modelo del equilibrio competitivo: "Su enseñanza es engañosa y desastrosa si tratamos de aplicarla a lo que dice la experiencia". Sin embargo, a pesar de esta sentencia mordaz el modelo no ha dejado de reinar en la economía que se enseña en las academias, así como en la formulación de políticas. Es la base para las prescripciones de políticas económicas, incluyendo la desregulación de los mercados, el libre comercio, la política monetaria y la política fiscal, que a pesar de todas las críticas al modelo continuarán siendo promovidas activamente por la gran mayoría de los economistas.

Por qué perdura el equilibrio competitivo?

Uno debe preguntarse cómo es posible esto: ¿cómo es que el modelo de equilibrio se mantiene como base de la economía, a pesar de la evidencia empírica en su contra, las falacias obvias en los supuestos que subyacen en el mismo, y las críticas desde dentro de la disciplina? ¿Por qué este modelo sigue siendo enseñado como el modelo básico de la economía a estudiantes de todo el mundo? ¿Por qué sus conclusiones siguen siendo aceptadas como la sabiduría recibida, y por qué sus preceptos continúan impregnando los debates sobre política económica? Una de las razones podría ser que el modelaje matemático es visto como ciencia "dura", una imagen cultivada por casi todos los economistas. Otra podría ser política: el modelo se puede utilizar para apoyar la opinión de que la intervención en los mercados debe ser minimizada. Los economistas usan el modelo para argumentar a favor de menos interferencia del gobierno en la economía, lo cual va en consonancia con el ideal teórico de la eficiencia de los mercados libres: la fe que el mercado libre maximiza el crecimiento, la productividad y la riqueza. La minimización de la interferencia del Estado y, por tanto, del tamaño del gobierno y de los impuestos sirve a los intereses de los ricos por encima de todo. Así es como el economista político John Kenneth Galbraith lo describió: "Economía de buena reputación, o, como se le llama a menudo, la economía dominante, desde hace algunos siglos ha dado justificación y aceptación a la creencia conveniente - lo que los socialmente y económicamente favorecidos más desean o necesitan que sea creído. Esta economía, repito, goza de buena reputación, y penetra y domina incluso el debate profesional y la escritura, los libros de texto y enseñanza en el aula"[ii]

Se podría esperar que la crisis del 2007 haya debilitado la posición del equilibrio competitivo. Después de todo, los modelos económicos no dieron indicio de que algo se estaba tramando. Además, la desregulación de los mercados financieros promovida por los economistas en línea con el modelo, resultó ser una de las principales causas de la crisis. Al contrario, la intervención a gran escala del gobierno para suavizar los efectos de la crisis era contrario a las ideas de no-intervención en los mercados promovidas por los economistas ortodoxos. No obstante probó ser esencial en evitar el colapso financiero y por ende, una catástrofe económica. A pesar de todo esto, el modelo de equilibrio sigue reinando como estrella suprema. A mediados de 2009, resumiendo sobre el estado de la economía, la revista *The Economist* concluyó que, aunque el modelo de equilibrio competitivo adolece de algunos defectos obvios, a falta de algo mejor, sigue constituyendo la base del análisis económico[iii].

Economía convencional: adaptando la realidad al modelo

En resumen: la economía convencional es ciencia deficiente. Más exactamente, la palabra "ciencia" no es el término correcto para la práctica de muchos economistas. En lugar de críticamente poner a prueba sus teorías con la realidad, se vuelven hacia las matemáticas. Al hacerlo, simplifican groseramente la realidad, por prescindir de todos los factores variables explicativos que no pueden ser cuantificados o son difíciles de medir. Los hechos se interpretan de tal manera que las conclusiones están en consonancia con el modelo, las interpretaciones alternativas se ignoran. La realidad se ve obligada a adaptarse al modelo en lugar de ser al revés. Esto le da a la economía convencional el carácter de una religión en lugar de asignarle un carácter de ciencia.

3   PUNTOS CIEGOS: CÓMO LA ECONOMÍA OCULTA NUESTROS PROBLEMAS ECONÓMICOS REALES

3.1   Introducción: los males de la economía convencional

Los males de la economía e convencional

Al aferrarse al modelo del equilibrio competitivo la economía ha contraído dos males importantes que dificultan la comprensión de los fenómenos económicos, especialmente al nivel agregado, es decir el ámbito macroeconómico. Esos males son transferidos de economistas a políticos, a burócratas, a otros tomadores de decisiones y a los medios; y así afectan las políticas económicas. Los males inhiben a los economistas en reconocer los principales problemas económicos que amenazan no sólo nuestro futuro económico, sino también nuestro bienestar general y el de las generaciones futuras.

Fetichismo del mercado

El primero de los males le llamaremos el fetichismo del mercado. El fetichismo es definido como una obsesión irracional con, o atado a, algo. Esto es una descripción exacta de la conexión de la economía convencional con los mercados. El fetichismo del mercado está basado en la ilusión que la riqueza y el crecimiento económico son creados sólo por los mercados, por la iniciativa privada, la competencia y por la búsqueda del lucro. La creación de riqueza a través de la producción fuera del mercado, por ejemplo por el gobierno o por individuos trabajando sin sueldos, como el trabajo de voluntarios o en el cuidado de niños, no es tenido en cuenta, ni es valorado; a lo sumo, se considera que existe sólo por la gracia de la riqueza creada por los mercados.

El gobierno: una entidad parasitaria

Una de las consecuencias del fetichismo del mercado es que el gobierno es visto como una entidad parásita que se alimenta de la economía del mercado. Individuos laboriosos y empresas producen la riqueza en el sector privado sólo para verla extraída en forma del cobro de impuestos, por un Estado predador. Además el Estado impone medidas, como la regulación, que inhibe la creatividad y la capacidad productiva del sector privado y así, la creación de riqueza.

Los economistas ortodoxos y liberales difieren entre sí en la medida en que consideren que los impuestos y la regulación son necesarios y deseables, y por lo tanto, sobre el papel y el tamaño del Estado. Los economistas liberales prevén un mayor papel del Estado en la regulación, así como en la prestación de servicios tales como la educación, la salud, la seguridad social y la infraestructura. Los ortodoxos tratan de minimizar el papel del Estado, desviando la producción y gestión de servicios, aún los creados para el bien común, hacia el sector privado. Sin embargo, todos los economistas comparten la idea de que la riqueza se hace en los mercados, y que otras fuerzas, especialmente el Estado, que interfieren en la economía, inhiben el crecimiento económico y la creación de riqueza, al menos en cierta medida.

El fetichismo del Mercado resulta no sólo en el supuesto de que la riqueza es producida solamente por el sector privado, sino también en la convicción de que el sector privado es más eficiente que el sector público. Por consiguiente, la producción de bienes y servicios, incluso los públicos, debe ser delegada al sector privado lo más que se pueda.

Fe en el equilibrio

El segundo mal de la economía convencional puede ser indicado con el término *la fe en el equilibrio*: la creencia de que las economías son sistemas que tienden naturalmente a un estado de equilibrio. Los economistas ortodoxos creen que el equilibrio es un estado ideal al que se llega automáticamente si no se interfiere en los mercados. Los Keynesianos y otros economistas liberales creen que el equilibrio se puede formar en los niveles subóptimos, y que la intervención puede ser necesaria para llegar a un equilibrio más óptimo. Sin embargo, la fe en que la economía tiende al equilibrio es compartida.

La fe en el equilibrio lleva a que los economistas ortodoxos promuevan mínimas regulaciones del mercado, ya que las interferencias en los mercados alteran el equilibrio existente, o dificultan el proceso "natural" de avanzar hacia el equilibrio. Además, la fe en el equilibrio lleva a la suposición de que en última instancia, cualquier problema en la economía será reparado por la restauración del equilibrio entre la oferta y la demanda a través del mecanismo de precios. Del mismo modo, el fetichismo del mercado y la fe en el equilibrio conducen a la falsa ilusión de que las fuerzas del mercado garantizarán un equilibrio entre la oferta y la demanda de dinero, en cantidades de acuerdo con la oferta y la demanda de bienes y servicios[iv]. Entrometerse con la oferta de dinero, sobre todo por los bancos centrales, alterará el equilibrio y, por tanto, afectará negativamente a la economía.

Se asume que el equilibrio de la oferta de dinero con la oferta y la demanda de bienes y servicios es, como todo lo demás en la economía, el resultado de las fuerzas del mercado. Estos consisten en bancos del sector privado prestando a los prestatarios privados (productores y consumidores), así como a los gobiernos. Los economistas liberales difieren de los ortodoxos en que creen que a veces es necesario guiar este proceso. Por ejemplo, los bancos centrales pueden promover los préstamos mediante la reducción de las tasas de interés con que prestan a los bancos privados, o al revés, elevando las tasas de interés pueden templar un crecimiento excesivo y el riesgo de inflación. Sin embargo, los economistas progresistas y conservadores están de acuerdo en que el dinero debe ser insertado en la economía sólo a través de préstamos de los bancos privados.

3.2 Fetichismo del mercado

Sólo el mercado produce riqueza?

Echemos un vistazo más de cerca al axioma de que el Estado es incapaz de producir riqueza. Una mirada al mundo que nos rodea es suficiente para descartar esta hipótesis: en muchos países, las empresas gubernamentales han producido bienes y servicios en el pasado y continúan haciéndolo hoy en día, con diferentes medidas de éxito - como es el caso de las empresas privadas. Muchos países aún tienen empresas estatales, algunas de las cuales compiten con éxito con las empresas privadas en los mercados internacionales. Sin embargo, a pesar de este hecho obvio, los economistas, los políticos y la prensa continúan recalcando y enfatizando el dogma de que la riqueza es creada solamente por el sector privado.

El supuesto que subyace a este axioma es que el sector privado crea riqueza porque su objetivo es la obtención de lucro: tiene que producir rendimientos financieros que son más altos que los costos de producción y comercialización. Es la generación de ganancias que crea la riqueza: el lucro no sólo beneficia a la empresa o persona que lo produce, sino que se añade a la riqueza general de la sociedad. El gobierno no pretende el lucro y por lo tanto, normalmente no contribuirá a la obtención de lucro ni a la creación de riqueza.

El fetichismo del mercado obnubila a los economistas del hecho de que la mayor parte de los bienes públicos producidos por el Estado contribuye a la creación de riqueza. Sin embargo, el valor de esa contribución es difícil de expresar en términos monetarios. ¿Cuál es el valor monetario de un buen sistema legal, de la seguridad en las calles, de una población bien educada, de la seguridad social, de un sistema de atención de salud que funcione bien, de la conservación de los ecosistemas naturales, o de la seguridad nacional? El problema de definir el valor de esos "bienes no de mercado" es que, ya que no están sujetos al proceso de fijación de precios que se produce en los mercados, su valor no se puede determinar de lo que los economistas sostienen como una manera "objetiva": por las fuerzas del mercado. De acuerdo con la práctica común en la economía convencional, lo que no se puede medir es ignorado. De ahí que la riqueza creada directamente o indirectamente a través de los bienes públicos no se toma en cuenta para determinar la riqueza de una sociedad[v].

Medidas impositivas: un freno a la productividad

En la visión de la economía convencional, el mejor ejemplo de las maneras en que el Estado se aprovecha del sector privado y, por tanto, dificulta la creación de riqueza - o en otras palabras, el crecimiento económico - es la tributación. La economía convencional sostiene que la imposición socava la fortaleza de los mercados porque los impuestos, especialmente aquellos en los ingresos, reducen los incentivos de las personas para trabajar. Menos trabajo significa menos producción, menos creación de riqueza y, por tanto, menor crecimiento económico. Los altos impuestos, sobre todo los impuestos progresivos, con sus tasas altas para los grupos de ingresos más altos, reducirán el ímpetu para trabajar, sobre todo en los trabajadores más productivos - que los economistas sostienen que son los que ganan los sueldos más altos.

El axioma económico que establece que el aumento de los impuestos conduce a que las personas trabajen menos y, por tanto, a que se reduzca el crecimiento económico, es un ejemplo de la manera en que la economía convencional distorsiona la realidad para adaptarla a su modelo. También muestra claramente las consecuencias de esta distorsión para la formulación de políticas, y la forma en que los políticos, expertos y otros medios de comunicación repiten sin crítica las enseñanzas recibidas sobre economía. El axioma se basa en el concepto ya mencionado del *Homo economicus*, el Hombre Económico Racional: un individuo que siempre se esfuerza lo más posible para obtener el máximo lucro (o, en términos económicos, la maximización de la utilidad económica). En el mundo real no hay, por supuesto, tal cosa o ser como el *Homo economicus*. El *Homo economicus*, de hecho, podría trabajar menos si su sueldo neto se reduce. Pero en el mundo real hay muchos factores que determinan el rendimiento del trabajo y el número de horas trabajadas, y sólo unos pocos de ellos son de carácter económico. El estatus social, el sentido de la responsabilidad, la lealtad a los compañeros y la empresa, el ansia de poder, la ambición, la necesidad de ser apreciado por los demás, el placer y la satisfacción derivada de la propia obra, están fuera del ámbito del Hombre Económico y por lo tanto, de la economía convencional. Al igual con las presiones de la propia empresa (producir las mercancías!), de la familia (generar ingresos!), y el entorno social (mostrar que eres exitoso! ganarle a los demás!). Todos estos factores son causantes importantes de la conducta individual y la toma de decisiones, económicas y de otra índole. De hecho, un análisis más detallado de estos factores del comportamiento podría muy bien conducir a la conclusión opuesta a la de la economía convencional: la gente en realidad podría trabajar más horas, para mantener el ingreso neto que tenían antes de la subida de impuestos. Así, un aumento de los impuestos se traduciría en un mayor crecimiento económico, exactamente lo contrario de lo que la teoría económica nos dice. Entonces, mayores impuestos en realidad pueden llevar a algunas personas a trabajar menos, pero otros pueden trabajar más, y la mayoría probablemente trabaja como antes. La asunción por parte de la economía convencional que la subida de impuestos siempre dará lugar a una reducción de la producción y el crecimiento es una tontería.

Es el gasto privado más eficiente que el gasto público?

Entonces, ¿qué pensar del punto de vista de que el gasto y la inversión pública es menos eficiente que la del sector privado? Este dogma fundamental de la economía, fielmente repetido por muchos no-economistas, es el argumento más utilizado para reducir la proporción de la renta nacional que va al Estado, mediante la reducción de impuestos. Una vez más, no hay ninguna prueba de que el gasto público resulta en un menor crecimiento que el gasto privado: es una creencia, un mito que se ha repetido tantas veces que ha llegado a ser aceptada como verdad evidente[vi]. Y una vez más, una dosis del razonamiento lógico es suficiente para desacreditar esta máxima. Es una pregunta casi retórica: es un dólar de impuestos destinado a la educación pública, a una carretera, o a un puente, realmente gastado en forma menos eficiente que, por ejemplo, una limpieza facial o en la asistencia a un día de carreras? Sobre todo si se considera que una gran proporción de los ingresos fiscales que se gasta en educación e infraestructura se regresa al sector privado? Después de todo, los profesores adquieren bienes y servicios de sus salarios, y las empresas privadas son contratadas para construir y mantener las escuelas, para producir los materiales de enseñanza, y para construir los caminos y puentes.

Los economistas contrarrestan lo anterior al afirmar que un dólar de impuestos se gastará menos eficiente que un dólar en el sector privado, ya que los funcionarios públicos no están sujetos a las fuerzas disciplinarias del mercado. Hay algo de verdad en este argumento. Sin embargo, la cuestión no es sólo la forma en que se gasta un dólar, sino también en para qué se gasta. Por otra parte, el argumento de la ineficiencia en el sector público y la eficiencia del sector privado en las decisiones sobre cómo gastar no siempre se aplican. Como puede comprobarse con los años previos a la crisis del 2007, los directivos de las grandes empresas y corporaciones del sector privado, especialmente los bancos, podían gastar y apostar grandes cantidades de dinero sin asumir ellos mismos las consecuencias. Esas no son condiciones que conllevan a la eficiencia. Con respecto a la responsabilidad en el gasto es importante, por lo tanto, distinguir entre los empresarios privados que trabajan y arriesgan sus propios recursos, para su propio beneficio, y los empleados y directivos que trabajan en empresas en las que la propiedad está separada de la gestión – una distinción que ya fue hecha por Adam Smith, pero es ignorada por la economía convencional.

Mercados: óptima asignación de los recursos

El fetichismo del mercado es que lleva a los economistas a asumir que los mercados maximizan la eficiencia por medio de la asignación óptima de los recursos de la sociedad. Esto también aplica para la prestación de los servicios públicos, por lo que la mayoría de los economistas está a favor de la privatización: los gobiernos deben delegar el suministro de bienes y servicios públicos a la empresa privada, que lo hará de manera más eficiente que el sector público. El problema con este punto de vista es que la economía convencional mide la creación de riqueza únicamente en el resultado financiero. Llamemos a esto la eficiencia económica. Los mercados pueden ser eficientes en la maximización de la *eficiencia económica*, pero la pregunta es si ese es el mismo tipo de eficiencia que se necesita para el bien común: para el público y la sociedad en general. Desde el punto de vista del interés público, lo que se necesita es el resultado más beneficioso para la sociedad, al menor costo posible. Llamemos a esto la *eficiencia social*.

Eficiencia económica y social: la salud pública

Para ilustrar la diferencia entre la eficiencia económica y la eficiencia social demos un vistazo a los sistemas nacionales de atención de salud. De los países ricos, EE.UU. tiene el sistema donde el sector privado juega el mayor rol. También es el sistema más caro, que en 2006 engulló cerca del 16% del producto nacional bruto del país. Otros países ricos se quedaron muy por debajo del 10%, con un promedio de 7,4%. Aún así, el sistema de EE.UU. tiene un pobre desempeño en una serie de variables que son altamente relevantes para un sistema de atención de la salud, tal como las tasas de mortalidad. Además, hasta el año 2011 en EE.UU. más del 16% de la población (casi 50 millones de personas) no estaba cubierta por el seguro de salud, lo que implicaba poco o ningún acceso a la atención médica. Al contrario, en todos los otros países ricos, a todos los ciudadanos se le garantizaba cobertura.

En este ejemplo se desmiente efectivamente la hipótesis de que lo privado es más eficiente que lo público - por lo menos, si nos fijamos en la eficiencia social. Sin embargo, es probable que el sistema de EE.UU. sea el económicamente más eficiente: en la generación de beneficios para los agentes económicos que intervienen en la prestación de servicios de salud. Empero, esos beneficios sólo benefician a los proveedores, a costa de la sociedad en su conjunto. En otras palabras, la eficiencia económica va a costa de la eficiencia social.

Maximizando la eficiencia económica a costa de la eficiencia social

La economía convencional no hace una distinción entre la eficiencia económica y la eficiencia social. Esta obcecación es causada por el fetichismo del mercado y la fe en el equilibrio, dando lugar a la suposición automática de que la competencia del mercado conducirá a que el producto se suministre lo mejor posible al menor precio posible. Este podría ser el caso en el mundo ideal de la economía: un mercado que funcione perfectamente con un número ilimitado de clientes perfectamente informados, lo que les permite elegir la combinación óptima de calidad y costo. En el mundo real estas condiciones no existen, y menos en el complejo mundo de la atención de la salud.

La eficiencia en mercados operando con deficiencia

Sin una competencia intensiva entre los productores, e información exacta y completa para los consumidores, habrá proveedores de servicios que maximizarán su lucro a costo de los consumidores. Por ejemplo, en la atención de salud, en lugar de proporcionar el tratamiento menos invasivo y de más bajo costo, los proveedores de atención médica pueden elegir los tratamientos más caros y por lo tanto, para ellos, los más rentables. En lugar de medicamentos genéricos de bajo costo recetarán medicamentos de marca, de alto costo. Y eso sin hablar de estafa, como en los casos en que los proveedores presentan las facturas de tratamientos que no han sido dados. Eso es excelente para el lucro y, por tanto, altamente eficiente económicamente, pero disfuncional en términos de eficiencia social.

En un sistema tan complejo como es el servicio de salud tenemos, como sociedad así como individuos, suerte que la mayoría de las personas que dan el servicio son personas responsables con una preocupación genuina por el bienestar de sus clientes. En la mayoría de los casos tienen un sentido de la responsabilidad social que les impide abusar del sistema para su propio beneficio. En vez de operar como hombre económico racional basan su trabajo en motivaciones no-económicas como la preocupación por sus pacientes, la responsabilidad social, el orgullo profesional y el altruismo. Irónicamente, si todos actuarían como el hombre económico racional la privatización daría resultados aún peores que en la actualidad, con efectos desastrosos para los pacientes y el costo de la atención de salud en general.

Eficiencia económica y social: la banca

Otro ejemplo excelente para demostrar la diferencia entre la eficiencia económica y la social son los servicios financieros. Una vez más, la cuestión no es tanto si lo privado es más eficiente que lo público en cuanto a la eficiencia económica. De los salarios y bonificaciones de los banqueros y otros gerentes financieros, está claro que el sector privado ha tomado la eficiencia económica a niveles estratosféricos. Sin embargo, en su implacable sed de lucro estos mismos actores también han causado grandes crisis económicas. A raíz de la crisis del 2007 la sociedad se enfrenta a años de estancamiento económico y de cinturones apretados, para pagar las deudas contraídas para rescatar a los bancos privados y mantener la economía a flote. La pregunta casi retórica: es la eficiencia social de la banca privada tan alta como su eficiencia económica? La respuesta debe ser un rotundo no. ¿Y si los servicios hubiesen sido prestados por bancas públicas, hubiera sido más socialmente eficiente que la banca privada? Muy probablemente, sí. En tiempos buenos, la banca privada puede crear más crecimiento, eficiencia económica y, posiblemente, eficiencia social: en los períodos de crecimiento, antes de una crisis, la sociedad en general se beneficia de las enormes ganancias del sector financiero. Sin embargo, estos efectos son más que anulados por la inevitable crisis posterior.

Cuando una empresa privada, en su afán de maximizar el lucro, provoca un caos en la prestación de un servicio esencial como el bancario, la oferta de ese servicio por parte del sector público debería al menos considerarse. Sin embargo, el fetichismo del mercado es tan fuerte que incluso después del enorme daño causado por la crisis del 2007, ni siquiera se plantea la opción de un sistema bancario público, o incluso un sistema mixto público-privado, para disminuir la dependencia exclusiva de la sociedad de bancos privados. Y mucho menos se analiza de manera objetiva las ventajas y desventajas de los diferentes sistemas.

Maximización del lucro a costa del interés público

La conclusión, entonces, es que deberíamos mirar más allá de la suposición simplista de que las fuerzas del mercado asegurarán que el sector privado será más eficiente que el público. Sí, la producción del sector privado es probable que sea más eficiente económicamente. Sin embargo, para muchos bienes y servicios, especialmente aquellos que son cruciales para el bienestar del pueblo, el lucro no es el propósito principal de la sociedad. Más importante aún, sobre todo en mercados imperfectos, o en mercados que no funcionan, la maximización de las ganancias es probable que vaya en detrimento del interés público: la eficiencia económica irá en contra de la eficiencia social. Eso puede conducir a grandes ineficiencias sociales, significando que para la sociedad, la prestación de servicios por parte del sector privado no dará el mayor beneficio al menor costo posible.

Incentivos

Un concepto clave que subyace a la discusión sobre la eficiencia es el incentivo. La economía convencional sostiene que los actores económicos del sector privado trabajan más y mejor que los servidores públicos porque tienen un mayor incentivo para hacerlo. Se supone que se benefician personalmente del trabajo cuando reciben más beneficios o un mayor salario o bonificación; y personalmente pagarán el precio de un mal desempeño si su empresa pierde dinero o si pierden sus puestos de trabajo.

Las metas económicas y sociales

El tema de los incentivos se relaciona con las metas. En la economía convencional, la única meta es maximizar la eficiencia y la creación de riqueza. El incentivo para lograr esto es el lucro. Los economistas no consideran que pudiese ser que la creación máxima de riqueza no es el objetivo principal de la sociedad. Otros resultados pueden ser más importantes, como el suministro de una educación y una atención médica de calidad a todos los ciudadanos, a un costo aceptable; o el suministro de energía sostenible a precios razonables y con niveles mínimos de contaminación. En analogía a la eficiencia social, podemos indicar tales metas con el término las metas de la sociedad, que varían de la meta de la maximización del beneficio económico del sector privado. La definición de objetivos societales es mucho más compleja que la definición de los objetivos del sector privado: la maximización del beneficio económico. Pero es esencial para que la sociedad avance en la dirección que produce los mayores beneficios para el mayor número de personas.

Funcionamiento del gobierno e incentivos

Los incentivos no son sólo un factor clave en el desempeño del sector privado, sino también, en el funcionamiento del sector público. Los economistas y otros observadores están en lo cierto al señalar que en muchos casos la oferta de servicios del gobierno es pobre e ineficiente. La economía convencional ve esto como una cualidad intrínseca del Estado: el gobierno no es eficiente porque no se sujeta a las fuerzas disciplinarias del mercado. Se trata de un argumento clave para aquellos que resisten un mayor papel del Estado en la sociedad: los funcionarios públicos tienen, casi por definición, un rendimiento menor que sus contrapartes en el sector privado.

Los críticos del Estado tienen un argumento válido. En los países ricos, y más aún en los países pobres, muchas burocracias gubernamentales tienen un bajo desempeño, y en muchas naciones pobres a menudo son más un obstáculo que un facilitador del desarrollo. El problema de bajo rendimiento de organizaciones gubernamentales no es, sin embargo, causado por alguna característica intrínseca del sector público. El bajo rendimiento no es inherente al gobierno; es causado por la falta de incentivos adecuados. En muchos casos, el trabajo de los empleados públicos está excesivamente protegido, mucho más que en el sector privado. No hay sanciones por mal desempeño: aún en caso de un funcionamiento pésimo, los funcionarios públicos se aferran a sus puestos de trabajo y salarios.

La necesidad de mejorar los incentivos del sector público

Los servidores públicos por lo general no son recompensados por su buen desempeño tampoco. Como resultado de ello las organizaciones públicas pueden sufrir de una cultura en la que el Estado está haciendo sólo el mínimo necesario para que las cosas funcionen – más o menos. Un problema adicional es que los servidores públicos pueden ser sancionados socialmente, por sus colegas y jefes, si se ponen demasiado energéticos en sus trabajos. El pobre desempeño del gobierno, entonces, no se debe tanto al hecho de que el gobierno no está sujeto a las fuerzas del mercado, sino a la falta de incentivos adecuados.

Aceptar este simple hecho abre un mundo de opciones para mejorar el funcionamiento del gobierno. Debería ser posible mejorar el desempeño del gobierno, es decir su eficacia y eficiencia, proporcionando los incentivos adecuados y la vinculación de los incentivos a los indicadores de desempeño adecuados.

Es importante destacar que las posibilidades de mejorar el funcionamiento del sector público son mucho mayores que en el sector privado. En este último sólo hay un indicador de desempeño: el lucro. Por otra parte, las organizaciones gubernamentales pueden establecer otros indicadores de rendimiento, en función del tipo de servicio prestado. Mucho más que el sector privado, entonces, el sector público ofrece posibilidades para la identificación, creación y uso de los indicadores de desempeño y los incentivos adecuados y, por tanto, para maximizar la eficiencia para la sociedad: la eficiencia en el suministro de bienes y servicios para el bien común.

3.3 Fe en el equilibrio

La fe en el equilibrio: la fe frente a los hechos

Las creencias tratadas más arriba, las que dicen que los mercados siempre son más eficientes que el Estado, y que la riqueza sólo es creada por el sector privado son sólo eso: creencias. No se basan en la observación ni en el análisis a fondo de lo que está sucediendo en el mundo real. Como es el caso con creencias religiosas, las de la economía no pueden enfrentar un razonamiento lógico. Esto también se aplica a la creencia de que los mercados tienden al equilibrio. La fe en el equilibrio nos ha hecho creer que en las economías nacionales, e incluso en la economía global, los mercados tienden al equilibrio y, por tanto, dan lugar a una asignación más eficiente de los recursos y a la creación de mayor riqueza. En un examen más detenido, no hay nada para comprobar esta fe.

La ficción del equilibrio

Si existiera una tendencia al equilibrio, uno podría esperar mucho más estabilidad en las economías nacionales y en la economía mundial que lo que ha ocurrido en los últimos dos siglos. Por otra parte, si las influencias y cambios externos son constantes, que obviamente lo son, la idea de una tendencia al equilibrio no tiene sentido, ya que el ideal de un sistema sereno, equilibrado, que no sea entrometido, y que sea impulsado únicamente por la toma de decisiones económicamente racionales, no tiene nada que ver con la realidad.

El mundo real está formado por un gran número de grupos y sociedades de influencia recíproca, compuestas en gran parte por personas económicamente irracionales y por gobiernos que intervienen constantemente en los mercados. Por otra parte, estas sociedades económicamente caóticas son frecuentemente afectadas por las fuerzas socio-políticas y ambientales, tales como las guerras, los líderes irracionales y los desastres naturales. En una realidad tan compleja, aferrarse al concepto de equilibrio es una locura.

Esto no quiere decir que el concepto de equilibrio nunca se aplica. Se puede aplicar en gran medida en los mercados parciales, para un único producto. Pero incluso sólo si los consumidores están bien informados de lo que los diferentes proveedores tienen que ofrecer en términos de calidad y precio, y si se puede elegir entre un gran número de proveedores. Donde la economía convencional falla es en la ampliación del concepto del mercado competitivo que tiende al equilibrio hacia el terreno de la macro-economía, de los mercados a nivel nacional e incluso global. En esta realidad sumamente compleja, determinada por la interacción de mercados parciales de millones de productos, las condiciones para que se pueda aplicar la teoría del equilibrio están tan lejos de cumplirse, que el concepto se puede considerar erróneo.

Implicaciones al descartar la fe en el equilibrio

Descartar la fe en el equilibrio tiene implicaciones importantes. Esto significa que las fuerzas del mercado a nivel agregado no funcionan, o funcionan sólo parcialmente: no hay equilibrio, ni una tendencia hacia éste. Es mucho más lógico asumir que toda la economía está en un flujo constante. En un entorno en constante evolución, determinada por acontecimientos fortuitos y por las decisiones de los agentes económicos, impulsados por una amplia gama de motivos no económicos; no hay manera de predecir las consecuencias de las acciones o políticas específicas. Como prueba, observe el registro devastadoramente pobre de la economía en la predicción de los principales indicadores económicos.

El razonamiento simple (las condiciones cruciales para el equilibrio no son reales: el hombre económico racional, información perfecta, competencia perfecta) y los hechos (el pobre récord de la economía en la predicción) deberían conducir a descartar la fe en el equilibrio. Eso significa también acabar con el concepto de que a nivel macro, la oferta se equilibra con la demanda, en un equilibrio en el que se consigue la máxima eficiencia a través del uso óptimo de los recursos y medios de producción. Tampoco hay razón para suponer que la oferta de dinero está en equilibrio con la demanda y la oferta de bienes y servicios. Si ese no es el caso, tampoco hay razón para suponer que cambios en la oferta de dinero que varían con los cambios en la demanda y la oferta de bienes y servicios, darán lugar automáticamente al cambio del valor del dinero: a la inflación o la deflación.

Los beneficios de descartar la fe en el equilibrio

¿Por qué es importante acabar con estos conceptos? En primer lugar, para obtener una mejor comprensión de las economías reales, que son desordenadas, desequilibradas e impredecibles. Esas economías muestran poca o ninguna tendencia al equilibrio, y mucho menos en un nivel donde todos los factores de producción se utilizan eficientemente. Se abre una perspectiva más realista de una economía en desorden, que bien puede estar marcada por enormes y crecientes desequilibrios. En segundo lugar, descartar la camisa de fuerza de la fe en el equilibrio permite hacer frente a los problemas reales, económicos y de otro tipo, que enfrenta la sociedad. Si no hay un equilibrio entre la oferta y la demanda global, y éstas no están en equilibrio con la oferta de dinero, hay menos necesidad de temer a las intervenciones que ahora se supone alteran dichos balances. Esto abre nuevas opciones para el desarrollo económico, incluso frente a la crisis financiera del 2007; y para hacer frente a estos grandes problemas sociales como la pobreza, el desempleo y el agotamiento de nuestros recursos naturales.

3.4   El resultado: los puntos ciegos de la economía

Fenómenos económicos claves no abordados por la economía

El fetichismo del mercado y la fe en el equilibrio conduce a la economía convencional a perder los principales fenómenos económicos que tienen un gran impacto en la sociedad. Este fracaso lleva a los economistas a seguir recomendando políticas económicas que nos han llevado no sólo a la crisis financiera de 2007, sino también, a hacer más difícil recuperarse de ella. Peor aún, esta carencia impide o al menos retrasa el abordaje a cuestiones sociales urgentes que amenazan el bienestar de las generaciones presentes y futuras. Echemos un vistazo a dos puntos ciegos importantes y a una idea errónea en el pensamiento económico que, en su conjunto, motivan a que la economía convencional sea cada vez más irrelevante y contraproducente, incluso para hacer frente a los problemas económicos nacionales y mundiales.

3.5   La brecha creciente

La brecha creciente entre la capacidad productiva y la demanda

El primer punto ciego es una brecha cada vez mayor entre la capacidad productiva y la demanda. Más específicamente, hay una brecha cada vez mayor entre la capacidad productiva de la sociedad y la demanda respaldada por la capacidad de pago. El hecho de no reconocer este problema y sus consecuencias lleva a la convicción errónea de que los mercados proporcionarán una salida de los problemas económicos de la sociedad que resultaron en la crisis del 2007.

Soporte de activos, demanda y productividad

La idea del equilibrio ha cegado la economía convencional de un desequilibrio fundamental y creciente en la economía que, después de un rápido vistazo a los hechos, debería ser obvio para el observador imparcial, así como para economistas. Este desequilibrio consiste en una creciente brecha entre la capacidad productiva y la demanda, respaldados por la capacidad de pago. Esta es la demanda respaldada por los recursos propios del pagador: los ingresos y las posesiones, es decir, la riqueza acumulada.   La demanda respaldada por capacidad de pago – en breve, la *demanda respaldada* - difiere de la demanda según es definida por los economistas en que esta última incluye, además de la capacidad de pago respaldada, la capacidad de pago derivada del acceso al crédito. Llamemos a ésta *demanda económica*.

Los economistas sostendrán que el acceso al crédito está determinado por los ingresos y el valor de los activos. Cuando un prestador ofrece un préstamo, él tendrá en cuenta la capacidad de pago actual y esperada del prestatario, para garantizar que el préstamo y los intereses serán pagados. Por lo tanto, la demanda de valores respaldados por activos será similar a la demanda económica. Sin embargo, como la crisis del 2007, al igual que crisis anteriores, ha puesto de manifiesto, el crédito puede muy bien darse en una escala que exceda la capacidad de pago por un amplio margen. Por tanto, es útil la distinción entre la demanda de valores respaldados por los activos y por la demanda económica.

La capacidad de producción supera la demanda respaldada

Desde el siglo 19 y, sobre todo, desde la década de 1960 la capacidad productiva de la sociedad moderna ha crecido enormemente. El desarrollo tecnológico ha dado lugar a un aumento enorme de la capacidad para producir un arsenal en constante aumento de bienes y servicios, y hacerlo de manera cada vez más eficiente. La demanda respaldada, por otro lado, ha crecido mucho menos, debido al estancamiento de los ingresos de los grupos de bajos y medianos ingresos. La brecha cada vez mayor, entonces, es una de la demanda respaldada que cae cada vez más detrás de la capacidad productiva.

En los países ricos, hasta la crisis del 2007, la creciente brecha entre demanda respaldada y capacidad productiva ha quedado ocultada por el financiamiento a través del crédito. Desde la década de 1990 la oferta de crédito ha crecido hasta tal punto que se ha vuelto insostenible: los consumidores y los gobiernos han tomado prestado más allá de sus posibilidades y se han endeudado profundamente, de tal modo que continuarán deficitarios en gran escala con esos financiamientos. La medida en que se puede pagar el crédito depende de los ingresos futuros: los consumidores, las empresas y los gobiernos pueden asumir la cantidad de deuda que pueden pagar, con intereses, de los ingresos futuros. Los préstamos más allá de esta capacidad son insostenibles. Tal endeudamiento insostenible es que hemos visto desde la década de 1990, y como consecuencia de la crisis del 2007, ha llegado el tiempo de pago[vii].

La demanda respaldada está determinada principalmente por los salarios, especialmente para los grupos de bajos y medianos ingresos, que constituyen entre el 70 y el 80 por ciento del número total de hogares. Hasta principios de la década del 1970, el aumento en el ingreso real estaba más o menos apegado al aumento de la productividad. El columnista de Newsweek Robert J. Samuelson presenta las siguientes cifras: de 1950 a 1973, la productividad aumentó un 97 por ciento[viii], mientras que la remuneración media de los graduados de secundaria varones de 35-44 (descontando la inflación) rozaba el 95 por ciento. Para los graduados universitarios el incremento fue de 106 por ciento. Del 1980 al 2005 la productividad aumentó en un 71 por ciento, sin embargo, la compensación promedio para los graduados de secundaria cayó el cuatro por ciento, mientras que la compensación para los graduados universitarios aumentó sólo un 24 por ciento. Desde la década de 1980, entonces, los salarios de la mayoría de la población han quedado muy por detrás de la productividad, lo que contribuye a la brecha cada vez mayor entre la capacidad productiva y la demanda.

Factores que amplían la brecha

La brecha seguirá aumentando. El desarrollo tecnológico está impulsado por la creciente competencia para obtener cuotas de mercado. La competencia crece cada vez más feroz en un mercado en que la demanda crece muy lentamente debido al estancamiento de la demanda respaldada. A medida que aumenta la competencia también lo hace la búsqueda de la eficiencia y la productividad, lo que lleva a un proceso de auto-refuerzo de la innovación y crecientes aumentos en la eficiencia y la productividad. Los salarios no aumentan a la par debido a la competencia internacional y a la disminución de los poderes compensatorios, principalmente, el de los sindicatos. Desde la década de 1980, el poder de los sindicatos ha sido marginado por la globalización: en lugar de satisfacer las demandas sindicales las empresas trasladan la producción a áreas o países donde no hay sindicatos. Importaciones a bajo precio, procedentes de países con bajos salarios, sacan de la competencia a los productos más caros, de empresas que pagan salarios más altos. Estas últimas se ven obligadas a imponer salarios más bajos, a reducir el uso de mano de obra a través de la tecnología de ahorro de mano de obra, tales como la robótica; o ir a la quiebra.

Las recomendaciones de la economía convencional empeoran las cosas. El particular enfoque de la economía en el crecimiento económico lleva a los economistas a recetar más de lo que siempre han propuesto: la liberalización económica. El comercio debe ser liberado mediante la reducción de las barreras comerciales, los mercados laborales deben ser más flexibles, por lo que es más fácil despedir a los trabajadores y la reducción o eliminación de los salarios mínimos. Estas son las recetas que han contribuido a la creciente brecha entre demanda respaldada y capacidad productiva, y a ampliarla aún más. Igualmente, la liberación del comercio aumenta la competencia, que promueve la innovación y, por tanto, aumenta la productividad. Al mismo tiempo eso deprime los salarios, ya que las empresas se ven obligadas a mantener los costos laborales bajos para seguir siendo competitivas en los mercados internacionales.

Cerrando la brecha: los préstamos y las burbujas

Desde la década de 1980 el crédito barato, fomentado por las bajas tasas de interés, ha compensado el déficit en la demanda respaldada. Las instituciones financieras, que promovieron agresivamente los préstamos a los consumidores a través de tarjetas de crédito e hipotecas, crearon una cultura de crédito que ha conducido, especialmente en los EE.UU. y Gran Bretaña, a que los hogares y los individuos asumieran una deuda masiva. La demanda derivada de los consumidores que compran a crédito y el gasto de casi la totalidad de sus salarios ha permitido, hasta la crisis del 2007, a que la demanda económica se mantenga a la par con la capacidad productiva. Sin embargo, los bancos requerían algún tipo de garantía para todos sus préstamos. Esta garantía fue creada en parte importante por dos burbujas especulativas consecutivas. La primera burbuja estaba en acciones - que resultaba en la burbuja en las acciones de nuevas empresas relacionadas a la Internet. Esta burbuja explotó en el año 2000. La segunda burbuja estaba en el valor de la vivienda, lo que llevó a la crisis del 2007. Sin esas burbujas, el otorgamiento de préstamos no hubiera sido posible en la escala necesaria para compensar la falta de demanda respaldada - o, en otras palabras, para limitar el crecimiento de la brecha entre la capacidad productiva y la demanda.

La brecha en países de bajos ingresos

La brecha entre la capacidad productiva y la demanda respaldada es aún más marcada en los países de bajos y medianos ingresos - que albergan cerca del 85% de la población mundial. Mientras en épocas de alto crecimiento económico los países ricos pueden llegar a una situación en que el desempleo es mínimo, y entonces la capacidad productiva es aprovechada en alta medida, en los países de ingresos bajos y medios, también los que tienen altas tasas de crecimiento, un gran número de personas quedan desempleadas o subempleadas. Miles de millones de personas se dedican a actividades de bajo rendimiento en la agricultura, artesanía y servicios. Como ocurrió en China desde la década de 1980, la introducción de modernos procesos de fabricación conduce a un aumento enorme en la producción y la productividad. En otras palabras, los grandes ejércitos de desempleados y subempleados en los países de ingresos bajos y medianos representan, en combinación con la tecnología moderna, un enorme potencial productivo.

Por qué los economistas no entienden la brecha

La economía convencional no tiene en cuenta el potencial productivo, sino sólo la capacidad de producción real. La fe en equilibrio sostiene que normalmente, la oferta y la demanda se equilibran en un nivel de máxima eficiencia, es decir, un nivel en que los recursos disponibles se utilizan de manera óptima para crear el máximo rendimiento. Este concepto no se puede alinear con la idea de que podría haber una capacidad permanente de producción no utilizada o subutilizada. Mucho menos tiene en cuenta la economía el fenómeno de que existe una enorme capacidad de producción potencial: la capacidad de producción que se podría desarrollar en el corto y mediano plazo, por la construcción de fábricas y la formación de personas en las habilidades operativas necesarias, como se ha visto en China. Sin embargo, tal potencial productivo está claramente presente en las naciones más pobres y, a raíz de la crisis del 2007, en los países ricos, especialmente en aquellos afectados más seriamente por la crisis. A nivel mundial, entonces, la capacidad de producción potencial es mucho mayor que la que puede ser reconocida en el marco de la economía convencional. Una prueba parcial de ello es el aumento de la producción desde la década de 1990, resultante de alinear una proporción relativamente pequeña de la enorme reserva de mano de obra en los países de bajos ingresos con la tecnología avanzada de los países ricos.

3.6 Un sistema financiero retorcido: economía real y economía especulativa

Un sistema financiero disfuncional

El segundo punto ciego de la economía convencional es nuestro sistema financiero retorcido. El fetichismo del mercado y la fe en el equilibrio han contribuido a la creación de una economía financiera que en gran parte es disfuncional. Esta economía financiera o especulativa es donde se lleva a cabo el comercio mundial en dinero (monedas) y documentos o productos financieros (acciones, bonos y otros valores, tales como subastas, mercado de futuros). El dinero involucrado no se utiliza para el consumo, la producción o la inversión, como es el caso en la economía real, sino para tratar de ganar más dinero por beneficiarse de las fluctuaciones en los precios de las diferentes monedas y productos financieros. El comercio financiero involucrado tiene lugar en un circuito virtual que está en gran parte separado de la economía "real" de la producción, el comercio y el consumo de bienes y servicios.

Debido a las políticas económicas y financieras promovidas por la economía convencional, el dinero se extrae de la economía real y se canaliza a la economía especulativa. En consecuencia, hay una creciente falta de dinero donde se necesita: en la economía real de la producción y el consumo de bienes y servicios. Por otra parte, la especulación a gran escala en la economía financiera conduce invariablemente a las crisis económicas y financieras como la que estalló en el 2007.

Economía real y economía especulativa

En la economía no hay distinción entre la inversión y la especulación. Por lo tanto, la existencia de una economía especulativa no se reconoce. La revisión de 2009 del estado de la economía por la revista *The Economist* nos dice que los economistas no saben muy bien cómo manejar los intermediarios financieros y, por tanto, no los tienen en cuenta en sus modelos. En la práctica, por lo tanto, la economía convencional ignora en gran medida lo que está sucediendo en la economía financiera, una omisión que dio lugar a que no se viera la llegada de la crisis del 2007. Igualmente, no reconoce el problema de la creciente cantidad de dinero que fluye de la economía real a la economía especulativa.

En tiempos buenos: un creador de riqueza

En los buenos tiempos la economía especulativa es una generadora de riqueza, especialmente para las capas más ricas de la sociedad. Las clases de medianos y bajos ingresos también se benefician, como parte de la riqueza generada en los trasiegos de economía especulativa a la economía real. Aunque en términos relativos, es decir, en comparación con la cantidad total de dinero que circula en la economía especulativa, las cantidades que fluyen a la economía real son menores, en términos absolutos, las sumas de dinero involucradas son enormes. Se incluyen todas las ganancias de capital y las ganancias de las transacciones financieras que las personas y empresas que trabajan en las finanzas no utilizan más para la especulación, pero gastan en bienes y servicios. Pensemos, por ejemplo, en los banqueros y los comerciantes gastando millones de dólares de sus salarios y bonificaciones: gran parte de esos gastos proviene de la rentabilidad de sus inversiones.

La especulación, por consiguiente, crea riqueza, y la riqueza crea demanda en la economía real. Eso es bueno desde el punto de vista económico, sobre todo cuando se considera el problema antes descrito de la caída de la demanda por debajo de la capacidad productiva de la sociedad. Sin embargo, la existencia de una economía especulativa tiene desventajas importantes que superan los efectos de la generación de riqueza. La primera es el efecto ya mencionado de extracción de dinero de la economía real, dando lugar a una creciente escasez de dinero allá. Esto sucede cuando las ganancias de la economía real son llevadas a las reservas bancarias, a los depósitos bancarios, o son invertidos en acciones, bonos, fianzas u otros productos financieros, se quedan en las reservas financieras de las empresas, o son depositados en los fondos de pensiones y en las reservas de las aseguradoras y otros inversores institucionales. Todos los fondos involucrados se desvían de la economía real a la economía especulativa.

La transferencia de dinero de la economía real a la economía especulativa se ve fortalecida por el estancamiento de la demanda en la economía real, lo que significa menos oportunidades de negocio y, por tanto, menos posibilidades de inversión rentable. Frente a la reducción de oportunidades de inversión y el riesgo de retornos disminuidos o aún pérdidas, los ricos, los bancos, los inversores institucionales, incluso las empresas, canalizan su dinero hacia la economía especulativa. El supuesto básico es que hay más lucro a través de la especulación que a través de la inversión en la producción de bienes y servicios reales. Es un fenómeno que se puede observar sobre todo a raíz de la crisis del 2007. El dinero fácil que los bancos centrales ponen a disposición de los bancos privados a tasas mínimas de interés se canaliza sólo en parte, como es la intención de los bancos centrales y los gobiernos, a la economía real: a pesar del crédito barato de los bancos centrales, las empresas y los consumidores siguen teniendo dificultades para obtener crédito. En cambio, las inversiones y el crédito van a la economía especulativa, donde contribuyen a formar nuevas burbujas, sobre todo en los mercados de valores y de bienes raíces en las economías emergentes, y en materias primas.

En tiempos malos: una sangría para la economía real

Para la economía real, los efectos negativos de una caída en la economía especulativa son peores que los efectos positivos en los períodos de crecimiento, con la crisis del 2007 como un ejemplo de ello. Cuando se pierde la fe y la liquidez, los bancos y otras instituciones financieras contratan sus préstamos, afectando a las pequeñas y medianas empresas en particular. Los bancos, especialmente los "demasiado para quebrar", lo que significa que su colapso podría dar lugar a la implosión de en todo el sistema financiero, son rescatados por los gobiernos y por lo tanto, por los contribuyentes. Esto significa una mayor transferencia de riqueza de la economía real a la economía especulativa, y la correspondiente disminución de la demanda en la primera. Se le ha llamado el socialismo para los ricos: cuando las cosas van bien los beneficios son para los ricos, cuando las cosas van mal la sociedad, es decir el pagador de impuestos, paga la cuenta.

Recetas de política económica: la promoción de la especulación

El fracaso de la economía para distinguir entre la economía real y la economía especulativa hace que los economistas, especialmente los ortodoxos, promuevan políticas que hacen que las cosas empeoren. Una de ellas es la desregulación, que en la década de 1990 dio a los bancos y a otras instituciones financieras privadas la libertad de aumentar el apalancamiento a niveles sin precedentes. Así, la desregulación contribuyó a fomentar la especulación, promoviendo el comercio de productos financieros riesgosos que contribuyeron a la crisis del 2007.

Otra receta de política de la económica convencional, la reducción de impuestos, también promueve la especulación. Una reducción de impuestos sobre la renta, a las ganancias de las empresas, a la propiedad y al capital beneficia mucho más a los ricos que a los segmentos de bajos y medianos ingresos. Los ricos son mucho más propensos a colocar dinero en la economía especulativa que los grupos de medianos y bajos ingresos. Asimismo, las corporaciones son mucho más inclinadas que las empresas pequeñas o medianas, los gobiernos, o los consumidores de bajos y medianos ingresos, a canalizar liquidez hacia la economía especulativa.

Mejorando desequilibrios con políticas económicas y comportamientos responsables

El desvío de dinero de la economía real a la economía especulativa conduce a la escasez estructural en la primera, y al exceso de dinero en la segunda. Ese desequilibrio se puede agravar aún más si lo que se considera en la economía como buena política fiscal y financiera es seguida fielmente. Imagine que todos los gobiernos actúan "responsablemente", con mínimos o ningún déficits presupuestarios, mientras promueven la creación de fondos suficientemente grandes para cumplir con las obligaciones futuras de las pensiones, los servicios de salud pública y la atención a las personas mayores. Del mismo modo, imagine que los ciudadanos y las empresas actúan de manera responsable y que comienzan a apartar parte del dinero de los tiempos buenos, para así conformar reservas adecuadas para las pensiones, y cuentas de ahorro para después de la jubilación. Estas acciones crearían crecimientos enormes en la acumulación de capital por parte de gobiernos, consumidores, empresas e inversores institucionales, como fondos de pensiones, bancos y aseguradoras. La pregunta retórica: ¿dónde se debería invertir todo ese dinero? En comparación con el sistema actual, habría sólo una fracción que podría ser invertida en bonos del gobierno, ya que los gobiernos casi no emitirían bonos. El dinero tendría que ser invertido en el sector privado, donde habría demasiado dinero persiguiendo pocas oportunidades de inversión. Los creadores de productos financieros inventarían nuevos medios de inversión, dando lugar a más especulación en acciones, materias primas, y futuros. Pero con demasiado capital persiguiendo muy pocas oportunidades de inversión el choque sería inevitable, eliminando gran parte de los ahorros obtenidos de manera laboriosa. Así, las recetas políticas de la economía convencional conducirían, no al equilibrio tranquilo y óptimo que a los economistas les gustaría tanto ver, sino a todo lo contrario: la inestabilidad y el desastre financiero y económico.

3.7 Dinero: carácter, creación, credo

La mala percepción del dinero

El fetichismo del mercado y la fe en el equilibrio llevan la economía a formar una imagen equivocada del dinero. El mal entendimiento de lo que es el dinero y para qué puede ser usado lleva a los tomadores de decisiones a imponer políticas económicas y financieras a la sociedad que pueden convertirse en camisas de fuerza financieras. En lugar de ayudar a la sociedad a solucionar sus problemas económicos y a encontrar sus desafíos sociales y ambientales, esas camisas de fuerza llevan a un atasco económico y financiero de lo cual es cada vez más difícil escapar.

Divinidad del dinero

La economía convencional sufre de lo que se podría llamar la divinidad del dinero. Refiriéndonos otra vez al Diccionario Encarta, la divinidad es descrita como "honrar o adorar a alguien o algo como si él, o ella, fuera divino". La terminología encaja ya que los economistas – y la gente en general – ven el dinero como una especie de entidad mágica, con fuerzas innatas y dinámicas que están, al menos en parte, más allá del control de los hombres. La divinidad del dinero tiene consecuencias inoportunas ya que conduce, como veremos después, a políticas financieras que dificultan que la sociedad aborde sus problemas sociales, económicos y ambientales.

El fetichismo del mercado y la fe en el equilibrio no sólo constriñen nuestro entendimiento de la economía y el descubrimiento de soluciones de problemas económicos; sino que también nos dan una perspectiva incorrecta en lo que es el dinero. Los puntos de vista de los economistas sobre el dinero, la oferta de dinero y la creación de dinero son, como todo lo demás en la economía convencional, determinados por la teoría de equilibrio. Así, existe un amplio consenso entre economistas sobre el balance entre la oferta de dinero y la oferta y demanda de bienes y servicios: las fuerzas del mercado aseguran que existe dicho balance. No importa que, según su propia teoría, no existan las condiciones en que las fuerzas del mercado pueden conducir a esa situación ideal: el hombre económico racional, la información perfecta, la competencia perfecta. Como otras cosas más en la economía, la creencia que las fuerzas de mercado harán un trabajo perfecto prevalece como idea dominante. El hecho de que las condiciones para el equilibrio no aplican no conlleva al abandono del concepto; en cambio, se supone que aunque no sea perfecto, algo cerca del equilibrio será conseguido.

Creación de dinero: préstamos con la banca privada

El dinero es creado a través del suministro de crédito – dicho de manera simple, cuando los bancos prestan más dinero que la cantidad que tienen en reserva. Tradicionalmente, los bancos pueden prestar aproximadamente diez veces más que lo que ellos tienen en sus reservas. Antes de la crisis del 2007, hubo bancos que prestaron hasta cincuenta veces más. Esta opción de prestar más que lo que hay provee un potencial enorme para la creación de dinero. El dinero es destruido cuando tales préstamos son pagados. En la práctica, sin embargo, ese dinero es re-creado casi inmediatamente, a través de un nuevo préstamo.

Creación de dinero por y para el gobierno: un pecado cardinal

Mientras la creación de dinero por bancos privados es totalmente aceptada, la economía convencional cree que la creación de dinero por bancos centrales para el uso directo por el gobierno es un pecado cardinal. Según la teoría cuantitativa del dinero esto interrumpiría el equilibrio: la inyección del dinero recién creado por el Estado en la economía llevaría a que demasiado dinero persiga una cantidad insuficiente de bienes. Esto haría subir los precios de bienes y servicios y así, causaría inflación.

La teoría cuantitativa del dinero

La teoría cuantitativa del dinero, y la asunción correspondiente de que el dinero creado por los bancos centrales para el suministro directo al gobierno causará inevitablemente la inflación, se basa, como casi todo en la economía convencional, en la fe en vez de estar basada en los hechos. La asunción de la existencia de fuerzas impersonales de mercado determinando el valor del dinero sólo puede ser descrita como superstición. La realidad económica es determinada por las decisiones de actores económicos. Los precios no suben por sí mismos: los vendedores tendrán que aumentarlos, y los compradores tendrán que aceptarlos y pagarlos. La teoría de la oferta monetaria sólo se sostendría si la oferta de dinero estuviera perfectamente de acuerdo con el suministro de bienes y servicios, y luego sólo si todos los actores económicos fueran absolutamente racionales e informados, sabiendo la cantidad exacta del dinero y los precios de todos los bienes y servicios. Sólo entonces, los consumidores y vendedores, sobre la base de su conocimiento de la cantidad disponible del dinero, serían capaces de determinar si ellos podrían elevar los precios, y por cuánto. Y sólo entonces podrían los consumidores, con el mismo conocimiento, llegar a la conclusión que ellos deberían pagar más para obtener los bienes deseados.

La realidad es, por supuesto, que ni los compradores ni los vendedores tienen esta información: los sistemas económicos son demasiado complejos. Aún los especialistas monetarios, incluso aquellos de los bancos centrales, apenas tienen una idea muy cruda de la cantidad de dinero en la economía. Mucho menos saben si esa cantidad está de acuerdo con la demanda y la oferta de bienes y servicios.

Un vistazo a la realidad muestra claramente que no hay ninguna relación directa entre la cantidad del dinero y la demanda y la oferta de mercancías. La creación de dinero a gran escala a través de préstamos en el sector privado y la especulación desde los años 1990 no ha generado inflación, aunque según la teoría cuantitativa del dinero esto debiera haber sido el resultado. Los años de las décadas del 1990 y los años 2000 vieron la creación de billones de dólares, Euros, y otras divisas a través de préstamos y la creación y el comercio en un sinnúmero de productos financieros. El aumento de la cantidad de dinero fue mucho mayor que el aumento de la oferta de bienes y servicios. Por tanto, según la teoría de cantidad del dinero, esto debió haber causado una inflación masiva. Esto no ocurrió, demostrándose así que la teoría es incorrecta.

Primera causa de inflación: pérdida de confianza

Descartar la teoría cuantitativa del dinero no significa, por supuesto, que el dinero puede ser creado a voluntad sin causar inflación. El abandono de esta teoría sólo invalida la idea de una relación causal directa entre la cantidad de dinero e inflación. Para entender por qué ocurre realmente la inflación es importante tener presente que todos los fenómenos económicos son determinados por la toma de decisiones de actores económicos individuales. Partiendo de este hecho hay dos situaciones en las cuales la inflación ocurrirá. Una es cuando se pierde la fe en la capacidad adquisitiva del dinero. Esto es visible más claramente cuando ocurre una hiperinflación. Los economistas y sus seguidores afirman que la hiperinflación es causada por la impresión de cantidades excesivas del dinero – como se asume que pasó recientemente, en el 2010, en Zimbabwe. Pero esto no fue realmente la causa. Si las prensas de dinero imprimieran dinero sin que la gente se entere de ello, nada pasaría – no habría inflación. El problema viene cuando la gente se da cuenta de cantidades excesivas de dinero puestas en circulación y cuando, en consecuencia, las personas pierden la fe en su valor. Los recuentos sobre casos de hiperinflación casi invariablemente relatan que las prensas de dinero no tenían la capacidad de responder a la necesidad de más dinero nuevo. En otras palabras, el dinero perdió su valor más rápidamente que lo que pudo ser creado. La pérdida de valor, causada por la pérdida de la fe, vino antes de la creación real de dinero.

Segunda causa de la inflación: demanda mayor que la oferta

La segunda causa de la inflación es la conciencia entre actores económicos que la demanda excede la oferta, dándoles confianza para aumentar los precios. Cuando, a través de la creación de dinero o por algún otro motivo, aumenta la demanda a tal punto que no puede igualar la oferta, y los productores toman nota que pueden aumentar sus precios. Igualmente, cuando los trabajadores descubren que la demanda por su trabajo y habilidades es más alta que la oferta, ellos exigirán salarios más altos. Cuando la escala en lo cual esto ocurre es grande, sobreviene la inflación.

Ambas formas de la inflación son reconocidas por los economistas. En el caso de proveedores que aumentan sus precios porque ellos perciben que sus productos serán comprados de todos modos, el término usado para este tipo de inflación es *inflación generada por la demanda*. En el caso de trabajadores que exigen salarios más altos porque ellos perciben que serán contratados de todas maneras, la frase es *inflación generada por los costos*. La inflación generada por los costos también puede ocurrir cuando los proveedores de factores de producción diferentes al trabajo, como materias primas o energía, aumentan los precios en una escala mayor. Esto sería el caso cuando la demanda por materia prima es tal que los proveedores se sienten seguros de que pueden aumentar los precios sin afectar las ventas.

Es posible la creación de dinero para ser usado por el Estado

La conclusión es que mientras se mantenga la confianza en la capacidad adquisitiva del dinero, y mientras la demanda nuevamente creada no exceda la capacidad de producción, la creación de dinero es posible sin causar inflación. Además, no hay razón alguna para que tal creación de dinero no sea hecha por un banco central para el uso directo por el Estado, por ejemplo, para inversiones para el bien común y para pagar deudas.

Desmitificación: que es realmente el dinero?

Es tiempo de desmitificar el dinero. Para comenzar tenemos que mirar al origen y al carácter del dinero. No hay ninguna magia implicada: el dinero no es nada más, ni nada menos, que un medio para facilitar el intercambio y el comercio. Esto funciona porque la gente ha convenido mutuamente aceptar el dinero como algo que representa valor. En ausencia del dinero los bienes tendrían que ser intercambiados: alguien que quiere intercambiar producto A por un producto B tendría que encontrar otra persona interesada en la obtención del producto A y en la posesión del producto B, y dispuesta a intercambiarlo. Con el dinero se hace posible vender el producto A cualquier persona interesada – independientemente de si aquella persona tiene o no el producto B. Entonces, con el dinero obtenido con la venta el producto B puede ser comprado de cualquier persona interesada en venderlo. Así, el dinero aporta para que el proceso de intercambio sea más flexible. Es el lubricante de la economía. El concepto es tan práctico que sobre los años ha sido inventado y usado en casi todas las sociedades.

En su función como medio de cambio el dinero también facilita el atesoramiento, o el ahorro. El dinero ocupa muy poco espacio y no se daña. El acaparamiento permite tanto la acumulación como el comercio. Aquellos que necesitan dinero - para comprar un producto o para invertir en su producción – pueden pedir prestado de quienes lo han acumulado. Después, el monto del préstamo se devuelve con intereses, una prima que hace atractivo que los propietarios presten su dinero en lugar de mantenerlo acumulado. Ese es el principio básico de la banca.

El dinero es, pues, nada más y nada menos que un símbolo que representa un cierto valor. Su utilidad y uso se apoyan en un acuerdo general a aceptarlo como un medio de pago. Ese fue el caso en el pasado, y lo sigue siendo al día de hoy, en la sociedad moderna. La aceptación del dinero se basa en la confianza que otros lo aceptarán como el mismo en algún momento en el futuro, a cambio de un bien o servicio de similar valor.

Fe en el dinero

Para poder facilitar el comercio y la acumulación, los propietarios y usuarios de dinero deben estar seguros de que este mantendrá su valor. La confianza, o en otras palabras, la fe en el dinero es crucial, ya que por sí mismo, el dinero no tiene valor real. Ese solía ser el caso incluso en el pasado, en los tiempos en que el valor de una moneda se reflejaba en su contenido de oro, o era respaldada por reservas de oro. Después de todo, el oro tiene poco valor intrínseco: tiene poco uso práctico, no es apto para el consumo humano, y es demasiado maleable para hacer herramientas útiles. Ya que el oro tiene poco valor intrínseco, su valor económico se basa puramente en su aceptación general como algo que representa valor - la definición exacta del concepto de dinero.

El valor intrínseco del papel moneda es incluso menor que el de las monedas de oro o plata. Es la razón por la que durante mucho tiempo el valor del papel moneda estaba garantizado por las reservas de oro, guardadas en el banco que emitía los billetes. Sin embargo, con el enorme crecimiento de la economía mundial desde la década de 1940, el principio de seguridad del valor nominal en oro, de todo el dinero emitido, se hizo imposible de mantener. Estados Unidos abandonó el patrón oro en el 1970, otros países siguieron su ejemplo. Hoy en día, la mayor parte del dinero ni siquiera existe físicamente sino en forma virtual en las memorias de los computadores centrales de los bancos. Sólo un pequeño porcentaje de la oferta total de dinero existe en forma de billetes y monedas.

Promoviendo la escasez del dinero: una opción impuesta por nosotros mismos

Lo anterior implica que, en principio, el dinero se puede hacer a voluntad. Si, como es el caso en la economía convencional, nosotros convertimos el dinero en un recurso escaso, esa es nuestra decisión. Si, como en los casos especiales de las secuelas de la crisis del 2007, levantamos la escasez a niveles en que las personas pierden sus puestos de trabajo y se reducen los servicios públicos, también es nuestra elección. Si en lugar de hacer frente a los problemas ambientales y sociales de la sociedad decimos que no hay dinero para hacerlo, eso también es de nuestra voluntad. Es una elección que sería inmoral si no fuera porque sus defensores, los que creen en la economía convencional y tienen fe en los mercados, en el equilibrio y en las propiedades mágicas de dinero, no estuvieran convencidos de que lo que están haciendo es lo correcto.

Sin embargo, es una fe que no podemos mantener por más tiempo. La miseria humana causada por el desempleo y el trabajo mal pagado es inaceptable, así como la pobreza de dos tercios de la población mundial, la desnutrición, el hambre y la muerte temprana o el retraso del desarrollo de los niños. También es inaceptable que la escasez de dinero impuesta por la fe en la economía tenga graves consecuencias para las generaciones futuras, ya que impide que la sociedad gestione los principales problemas ambientales: el calentamiento global, la escasez inminente de agua, la destrucción de los ecosistemas naturales y el agotamiento de los recursos naturales. En la sociedad actual, en la que la mayor parte del dinero no existe en forma física éste puede, en principio, ser creado o destruido a voluntad. Su escasez artificial no sirve a ningún otro propósito que no sea la confirmación de la fe en la economía.

4   FALACIA EN LAS POLITICAS: A DONDE HEMOS LLEGADO?

4.1   Introducción

Consecuencias de la fe en el equilibrio y en el fetichismo del mercado

Después de discutir los puntos ciegos de la economía convencional es el momento de analizar los efectos que resultan de las recomendaciones de políticas. En primer lugar, vamos a explorar cómo las políticas económicas promovidas por la economía, como son la liberalización del comercio, la reducción de los impuestos y la minimización de la regulación de los mercados, afectan a los segmentos de bajos y medianos ingresos y, por tanto, a la demanda. Luego veremos las consecuencias de que el sector privado se encargue de la oferta de bienes y servicios, en lugar de que esto sea hecho por el sector público.

4.2   Productividad y salarios

Factores que determinan los salarios

De acuerdo con la fe en el equilibrio los economistas asumen, en primer lugar, que los salarios son fijados por el mercado: por la oferta y la demanda. En segundo lugar, los salarios reflejan la productividad: la producción, medida como el valor monetario de los bienes y servicios producidos por unidad de tiempo, por ejemplo, por hora. Con este razonamiento también, la economía convencional falla en representar la realidad.

Por supuesto, la oferta y la demanda influyen en los salarios. Sin embargo, hay muchos otros factores que influyen en los niveles salariales. La mayoría son no-económicos y, por tanto, no se tienen en cuenta en la economía convencional. El mejor ejemplo es el poder de negociación: los individuos o grupos tales como los sindicatos pueden ser capaces de elevar sus salarios al convencer o forzar a los empleadores a aceptar el aumento; por otro lado los gerentes de las empresas a menudo son capaces de negociar un pago significativo a causa de sus posiciones de poder.

En la era de la globalización las diferencias salariales entre las naciones ricas y pobres son un tema de interés particular. La explicación de la economía convencional es: los salarios mucho más altos en los países ricos se deben a una mayor productividad laboral, como consecuencia de un trabajo de mayor calidad, mayor disponibilidad de capital y a la tecnología más avanzada. Todos los economistas ortodoxos, tradicionales y liberales explican las diferencias salariales de esta manera.

Salarios y productividad en países pobres

Los economistas sugieren que los bajos salarios pagados a los trabajadores de las industrias modernas en los países pobres están justificados porque reflejan la productividad de los trabajadores. Eso es una tontería. Los bajos salarios por baja productividad puede justificarse en la productividad promedio: en los países pobres, la productividad promedio es baja, debido a la falta de oportunidades de empleo en el sector moderno. Por tanto, la gran mayoría de la gente todavía está empleada en la agricultura tradicional a pequeña escala o en el sector informal: en micro-empresas industriales o comerciales. Al no tener acceso a equipos de producción modernos las personas involucradas producen poco, con un valor monetario muy limitado. Por lo tanto, para cada trabajador altamente productivo gracias a maquinarias avanzadas en el sector industrial moderno, hay cientos, o incluso miles de personas cuya productividad es muy baja. En consecuencia la productividad promedio a nivel nacional es baja. Sin embargo, no tiene sentido partir de este promedio cuando se considera el salario de los trabajadores en las fábricas modernas.

En las fábricas modernas, las personas son tan productivas como los trabajadores de los países industrializados. Incluso pueden ser más productivos, porque en comparación con los trabajadores de los países ricos, que tienen una medida de protección de las leyes laborales y los sindicatos, los trabajadores de los países pobres son susceptibles de ser despedidos si no rinden al nivel óptimo. La razón por los bajos salarios no es la baja productividad. Es la falta de poder negociador, lo que resulta en un alto nivel de explotación, que es posible porque los trabajadores de los países pobres no gozan de protección y fácilmente pueden ser reemplazados. No existen leyes laborales, o no se aplican. Los sindicatos son suprimidos e incluso si existen, apenas son capaces de operar. Por cada obrero que trabaja en la industria moderna que causa problemas, tal como pedir un aumento de sueldo, se pueden encontrar diez para su reemplazo,.

Productividad, pobreza, estancamiento y explotación

Confundir la productividad promedio al nivel nacional con la productividad en un sector particular, subsector o empresa, no sólo es un error elemental en entender la realidad, sino que también es dañino. Es perjudicial a la gente y al desarrollo económico porque esto justifica los tristes salarios que están siendo pagados a millones de personas en países subdesarrollados. Una mejor paga no sólo sería un asunto de justicia para los trabajadores, sino que también permitiría que ellos mejoren sus condiciones de vida y las de sus familias. Un mejor pago crearía una mayor demanda de bienes y servicios y así, proporcionaría un estímulo a la economía en su conjunto. Actualmente esa creación de demanda no ocurre, u ocurre insuficientemente – gracias en parte a que los economistas proporcionan una justificación "científica" de empleadores que despiadadamente explotan a sus trabajadores, y a los gobiernos que miran hacia otro lado o incluso apoyan esta forma de proceder de las empresas.

4.3   Consecuencias del libre comercio

El mantra del libre comercio

Uno de los mantras de la economía convencional más frecuentemente escuchados es la invocación por el libre comercio. Este llamado es una consecuencia lógica de la fe en el equilibrio: los obstáculos al comercio, como tarifas, cuotas o subvenciones, interfieren con las fuerzas de mercado y, por lo tanto, causan ineficiencias. También, según la teoría de ventaja comparativa, el libre comercio beneficia a todos los socios comerciales porque cada país se especializará en lo que puede producir mejor. La competencia, y el permitir el flujo del capital a donde se use más productivamente, aumentará la eficiencia y la productividad, resultando en mejores productos, precios menores, nuevas inversiones, más consumo, y así, el crecimiento económico y la creación de riqueza.

Libre comercio, demanda y desarrollo

En la práctica el libre comercio no es la panacea que economistas sostienen que es. Es cierto que en caso de mayor competencia entre los productores y trasladar la producción a países de bajos ingresos y por lo tanto, bajos sueldos, reducen los costos al consumidor. También es cierto que la competencia impacta favorablemente el desarrollo tecnológico y por tanto, la productividad. Pero el libre comercio también deprime los salarios y por tanto la demanda. Esto puede destruir sectores enteros, causando desempleo a gran escala. La asunción de la economía que esos efectos destructivos son más que compensados en otros sectores nuevos no se puede sostener. Con una demanda reprimida y una productividad aumentando a través del desarrollo tecnológico, los sectores y países menos competitivos pueden encontrar que no queda ningún espacio para competir internacionalmente. La demanda ya es satisfecha por sistemas económicos con una gran capacidad de producción, como China. En términos económicos, para países menos competitivos no existe una ventaja comparativa – implicando la persistencia del subdesarrollo económico, la pobreza y en algunos casos, la dependencia de ayudas externas y de remesas de ciudadanos que trabajan en el extranjero.

Efectos del libre comercio

El libre comercio, entonces, es bueno para los consumidores. Pero en países ricos y en los países menos competitivos, es decir en los países más pobres, el libre comercio también reduce el empleo y, a nivel mundial, deprime los salarios. Esto ocurre sobre todo cuando el capital y la tecnología de los países ricos se exportan para emplear mano de obra barata de las naciones pobres. Los economistas sostienen que este proceso no causa desempleo, sino que reduce los salarios. Ellos le llaman "fricción de corto plazo" porque se supone que los salarios en las naciones pobres se elevarán. En la situación mundial de hoy día, sin embargo, es dudoso que esa fricción sea de corto plazo. La enorme cantidad de mano de obra ociosa en China, India y otros países de bajos ingresos, y el estancamiento de los sueldos de los sectores de bajos y medianos ingresos en naciones ricas, implica que la fricción puede ser más bien de largo plazo. En los países ricos, genera estancamiento y hasta la reducción de los salarios en los segmentos de bajos y medianos ingresos. El estancamiento de los sectores de bajos y medianos ingresos reduce los ingresos fiscales y, así, reduce la capacidad del gobierno para mantener las infraestructuras y los servicios públicos. En general, entonces, el libre comercio causa un aumento en la productividad mundial y precios inferiores a los consumidores. Pero también, al deprimir los salarios el libre comercio contribuye a la brecha creciente entre capacidad productiva y la demanda respaldada.

4.4 Reduciendo los impuestos: enriquecimiento de los ricos y promoción de la especulación

Fetichismo del mercado: reducción de los impuestos

El fetichismo del mercado lleva a los economistas a suponer que el dinero en manos del sector privado genera más riqueza que el dinero en manos de los gobiernos. En consecuencia, durante la década pasada la comunidad económica ejerció una presión continua para bajar los impuestos sobre los ingresos y plusvalías corporativas. Y con éxito: desde los años 1980, ha habido corridas a nivel mundial para bajar tasas impositivas, sobre todo en las naciones ricas.

Efectos imaginarios de la reducción de los impuestos a ricos y a corporaciones

¿Entonces, cuál es el efecto de este gentil tratamiento a individuos ricos y a corporaciones? La economía convencional sostiene, como hemos visto, que canalizar el dinero hacia estos actores económicos llevará a más inversión, más producción, y al crecimiento. Además, la asunción implícita y explícita es que esa inversión llevará a más crecimiento y creación de riqueza que cuando el dinero va al gobierno o a sectores asalariados de bajos y medianos ingresos. Esto es, como tantas otras cosas en la economía convencional, no más que una fe. La fe económica supone automáticamente que el dinero canalizado a las corporaciones y los ricos aumenta la inversión y así, lleva a la creación de riqueza y al crecimiento. En el mundo real, sin embargo, dirigir más dinero hacia los ricos y corporaciones lleva a un ensanchamiento adicional de la brecha entre capacidad productiva y la demanda, y a más especulación.

Efectos negativos de canalizar (más) capital a los burgueses

Muy lejos de tener el efecto positivo que los economistas proclaman, canalizar el capital a los individuos ricos y a los grandes negocios tiene consecuencias negativas tanto para la economía como para la sociedad en su totalidad. En la economía real, canalizar más riqueza a los ricos y a las corporaciones contribuye a la brecha creciente entre la productividad y la demanda. Esto se debe a que los sectores de bajos y medianos ingresos gastan una gran parte de sus ingresos netos en el consumo, mientras que los ricos tienden a canalizar la mayor parte de sus ingresos hacia la economía especulativa. La reducción de los impuestos a los ricos, entonces, se convierte en la extracción del dinero de la economía real para ser usado en especulación. Si esto ocurre a gran escala se formarán nuevas burbujas financieras, y los sectores de bajos y medianos ingresos sufrirán doblemente de la crisis financiera y económica que resulte inevitablemente. Por un lado, ellos serán afectados por la pérdida de puestos de trabajo y por la disminución de sus ingresos. Por otro lado, ellos sufrirán porque los gastos de los servicios públicos aumentan y la provisión se reduce, como pasó después del 2007, cuando los gobiernos tuvieron que cortar sus gastos para poder pagar la factura de las deudas contraídas, salvando las instituciones financieras privadas.

En el largo plazo, la reducción de las tasas impositivas y así, la disminución de los ingresos del gobierno reducirán la capacidad productiva de la sociedad ya que habrá menos dinero disponible para servicios públicos esenciales, como la educación, la salud pública, las infraestructuras, la aplicación de la ley, el sistema judicial y la protección del medioambiente. También, la reducción de la seguridad social, como pensiones y asistencia social, contribuirá a la reducción de la demanda.

4.5   El impacto de la política monetaria

El récord de la política monetaria

En la economía convencional la política monetaria es un instrumento clave en la gestión de la economía. Los economistas, las personas que toman decisiones financieras y la prensa suponen que las políticas monetarias correctas llevan a una economía que funciona bien, con la creación máxima de riquezas y el menor nivel de desempleo. Los economistas y la prensa indican con regularidad que los prolongados períodos de crecimiento con baja inflación en las décadas dc los años 1990 y 2000 fueron resultado de políticas monetarias acertadas. Esto es, de nuevo, una asunción que no es y no puede ser defendida. El resultado verdadero de la política monetaria fue, por no decir más, pobre. El juicio del economista político John Kenneth Galbraith es mordaz. En su libro *El Dinero* él expresa la esperanza de aumentar el reconocimiento de lo que él llama "*la inutilidad perversa de la política monetaria*" y "*el resultado evidentemente desastroso de la política monetaria en el siglo veinte*[ix]". Su argumento se resume así: la política monetaria empeoró tanto las recuperaciones como las depresiones – comenzando con la recuperación y la quiebra inmediatamente después de la Primera Guerra mundial, seguida del relanzamiento de los años de la década del 1920, el colapso del 1929 y la Gran Depresión subsiguiente. Cuando la política monetaria fue relegada y abandonada, durante la Segunda Guerra Mundial y en las décadas del 1950 y 1960, los resultados económicos fueron mucho mejores. Su renacimiento como instrumento principal en la gestión económica a finales de los años sesenta no paró la inflación, sino llevó a una recesión seria. La inflación realmente vino a ser controlada en una etapa posterior, pero esto no fue el resultado de la política monetaria sino de la recesión causada por ella.

En cuanto al período después del analizado por Galbraith, la muy alabada política monetaria de la Reserva Federal en los años de la década del 1990 contribuyó primero a la formación de la burbuja "dotcom" en la década de 1990, y luego a la creación de la burbuja en valores de bienes raíces de la década de 2000. Ambas terminaron en un colapso, y en el caso de la crisis que empezó en 2007, sin ninguna perspectiva en la recuperación. La política monetaria que llevó a una especulación sin precedentes es culpable, al menos en parte, de ambos colapsos, conjuntamente con la desregularización financiera.

4.6   Economía convencional y dinero: socavando la economía real

Creación de dinero con la idea del equilibrio

De acuerdo con el ideario del equilibrio los economistas consideran el dinero como un recurso escaso; el fetichismo del mercado los hace suponer que su creación debería ser dejada al mercado: a los bancos privados. Los mercados financieros son la llave: la mano invisible del mercado asegurará que los bancos crearán la cantidad correcta de dinero, y que los corredores financieros lo asignarán en la manera más eficiente. Los mercados financieros deberían ser dejados sin trabas, de modo que el dinero pueda ser creado en respuesta a las fuerzas del mercado, asegurando un equilibrio óptimo entre la oferta y la demanda de productos y la cantidad de dinero.

Creación de dinero por los bancos centrales

Los bancos centrales pueden ofertar dinero a los bancos privados, pero no pueden inyectarlo directamente en la economía. En consecuencia, los gobiernos que necesitan dinero no pueden ir a sus bancos centrales, sino que deben acudir a los mercados financieros. Los bonos son publicados para ser comprados por los bancos privados, por inversionistas institucionales, como los fondos de pensiones, por inversionistas privados, y por otros agentes financieros.

La forma en que se canaliza el dinero creado por los bancos centrales hacia la economía ilustra el modo en que la economía convencional nos pone en una camisa de fuerza económica y financiera: un marco que impide que nuestros hacedores de política procedan en forma lógica. Después que los bancos y otros actores financieros importantes han creado una crisis financiera sin precedente, después que los gobiernos han tenido que salvar y asistir a los bancos con dinero de los contribuyentes, uno esperaría que el dinero creado a través de la llamada "flexibilización cuantitativa" sería traspasado al gobierno para ser gastado en el interés público. Por ejemplo, los fondos podrían ser usados para pagar las deudas incurridas en salvar el sector financiero. Lo que es más importante, los fondos podrían ser utilizados para el estímulo económico: la inversión en obras públicas para satisfacer las necesidades económicas y sociales de la sociedad. La creación de empleo que resulte compensaría la contracción causada por la crisis y ayudaría a que la economía retome su curso normal.

Irracionalidad económica

Nada de esto ocurre. En cambio, de acuerdo con la fe de la economía convencional, se opta por un curso de acción que, desde cualquier perspectiva que no provenga de la economía convencional, se considerará irracional. El dinero creado por bancos centrales no va al sector público, sino al sector privado: a los bancos privados. Esos bancos reciben el dinero casi gratis, ya que los bancos centrales han bajado a prácticamente nada las tasas de interés, para estimular la economía. Los gobiernos, sin embargo, tienen que tomar préstamos de los mismos bancos a tasas del mercado, para financiar las deudas contraídas salvando esos bancos, así como para financiar medidas de estímulo para preservar la marcha de la economía. Así, los bancos privados toman préstamos de los bancos centrales, con tasas de interés cerca de cero, para comprar bonos sobre los cuales los gobiernos y los contribuyentes fiscales pagan varios puntos porcentuales. Los bancos retienen para sí la diferencia. Los ganadores son los bancos, los perdedores son los contribuyentes fiscales. En la economía convencional, esto es la forma sensata de actuar.

La ruta racional: el dinero para el Estado

Los contribuyentes fiscales que pagan a bancos privados por el dinero creado por bancos centrales parecen actuar racionalmente en el reino de la fe en el equilibrio. Pero no es racional usando cualquier otro estándar, en un mundo real sin fe en el equilibrio y sin fetichismo de mercado. El dinero creado por bancos centrales sería gastado mejor directamente en el pago de la deuda pública, y en programas de estímulo que generen empleos y crecimiento económico, y que resuelvan la multitud de problemas sociales y ambientales que la sociedad enfrenta.

4.7 Consecuencias de la desregulación: la banca

Desregulación: la década de 1980

El fetichismo del mercado y la fe en el equilibrio llevan a los economistas, sobre todo los ortodoxos, a denunciar continuamente la necesidad de minimizar la regulación económica. Cuando en la década de 1980 las administraciones de Thatcher y Reagan subieron al poder en los Estados Unidos y Gran Bretaña, la ortodoxia aprovechó su oportunidad. Se utilizó el viejo argumento de que la regulación interfería con el funcionamiento del libre mercado, disminuyendo así la eficiencia, el crecimiento económico y la innovación. Así se justificó la desregularización en muchos sectores de la economía, sobre todo en el sector bancario.

Escándalos vinculados con ahorros y préstamos

Una de las consecuencias principales de la desregulación bajo la Administración de Reagan fue el llamado "Escándalo de Ahorros y Préstamos". Involucraba las asociaciones locales de ahorros y préstamos (AAP) que operaban como bancos mutualistas, y que usaban depósitos para prestarlos a negocios locales y a familias. Antes del 1981 las regulaciones gubernamentales controlaban estrictamente los procedimientos para que esas asociaciones pudieran utilizar los fondos depositados en sus áreas. Sólo podían colocarlos en activos de bajo riesgo: mayormente, el dinero era prestado en la localidad, para la compra de casas. En septiembre de 1981 el Congreso permitió que las AAP comercializaran con activos de más alto riesgo, y que pudieran hacerlo a gran escala. Esto llevó a un despilfarro enorme de recursos por ejecutivos de las AAP, con honorarios exorbitados pagados a operadores de Wall Street que involucraron a las AAP en transacciones que llevaron a pérdidas enormes en la década de 1990. El gobierno de EEUU tuvo que gastar decenas de miles de millones de dólares para limpiar el desastre, con grandes sacrificios para los contribuyentes fiscales.

La crisis del 2007

La crisis del 2007 es también resultado, en gran parte, de la desregulación. Entre otras cosas, la desregulación permitió externalizar la venta de hipotecas, con el resultado de que los bancos que las financiaron tuvieran poco control y conocimiento de los prestatarios. Los vendedores de hipotecas no corrieron el riesgo de ser afectados por moras: este siguió siendo para los bancos que hacían los préstamos. En consecuencia, muchas hipotecas fueron vendidas a personas sin capacidad financiera para honrarlas. Ninguno de esos problemas ocurrió en Europa, donde las hipotecas están atadas a reglas mucho más estrictas, protegiendo a los prestatarios así como a los prestadores.

La carencia de regulación también permitió el traspaso de las hipotecas a derivaciones llamadas permutas de incumplimiento crediticio, que transfirieron los riesgos de incumplimientos a inversionistas. Este embalaje fue hecho en una forma tan compleja que se hizo casi imposible tasar los riesgos motivados por descargos. Sin embargo, las agencias de clasificación crediticia dieron a estos paquetes el rango más alto posible. El resultado de toda esta magia financiera: la crisis del 2007. La causa principal: la ideología de política de no intervención (*laissez-faire*): la fe que los mercados funcionan mejor si son dejados en paz, llevando a la eficiencia más alta y al crecimiento económico óptimo.

4.8   Consecuencias de la privatización

Razones para la privatización

El fetichismo del mercado conduce, como hemos visto, a la conclusión que la producción de bienes y servicios por el sector privado siempre será más eficiente que la producción generada por el sector público. Este axioma lleva a economistas a sostener que hasta la oferta de bienes y servicios que son cruciales para el bienestar público debería ser dejada al sector privado, aún en mercados que están lejos del mercado ideal, con competencia e información perfectas. En consecuencia, desde la llegada de los ortodoxos en la década de 1980 ha habido una tendencia implacable hacia la privatización de los servicios públicos.

Privatización y eficiencia

El problema de asumir que la empresa privada producirá más eficientemente que el sector público es, como hemos visto, el fracaso de distinguir entre la eficiencia económica y la social: entre eficiencia en la obtención de lucro y eficiencia en satisfacer las necesidades públicas. La eficiencia en la maximización del lucro fácilmente puede ser a expensas de la eficiencia en satisfacer las necesidades públicas.

Por qué la privatización no funciona

La privatización de la oferta de servicios públicos ha resultado ser, en la mayoría de los casos, contraproducente porque el incentivo primordial para las compañías comerciales, el lucro, se sobrepone a los objetivos públicos. La prestación de servicios en áreas tales como la asistencia médica, la educación, la provisión de electricidad y agua potable, y el transporte público, ni se acerca al ideal económico de un mercado de competencia perfecta. Los consumidores no pueden elegir de una variedad, mucho menos de un número infinito, de hospitales, proveedores de servicios médicos, empresas de agua, compañías de autobuses, o proveedores de electricidad. Por lo tanto, los proveedores tienen una posición de monopolio, o algo cerca de ello. Una empresa comercial se aprovechará de esa situación: una posición monopolística es muy conducente a la maximización de las ganancias. Esto se mueve en contra del objetivo social de ofertar un servicio lo mejor posible, a todos aquellos que lo necesiten, al precio más bajo posible.

Los economistas, los conservadores y la mayor parte de los representantes del status quo se han pronunciado para que el sector privado suministre los servicios públicos, incluso hasta llegar a estructuras cercanas al monopolio – a pesar de que la economía convencional incluso reconoce que las fuerzas del mercado no funcionan en mercados monopolísticos u oligopolísticos. Los economistas y los conservadores han hecho así desde su perspectiva determinada por el fetichismo del mercado: la fe ciega en los mercados y en la eficiencia de la empresa privada. Posiblemente, también ha jugado un papel los intereses financieros directos: los vínculos entre los ortodoxos y el sector empresarial son estrechos. Los políticos y los medios siguen ciegamente a los economistas y a su fe. Todos han confundido la eficiencia social, la provisión de un servicio de la mejor forma posible al menor costo posible, con eficiencia económica: la eficiencia en maximizar las ganancias.

5   FALACIAS EN LAS POLITICAS: DONDE NOS LLEVA ESTO?

5.1   Nuestro futuro económico

Deuda, desbalances, y burbujas

A raíz de la crisis del 2007, la sociedad se enfrenta a años, y quizás décadas, de estancamiento económico y posible contracción. Los consumidores y los gobiernos se han endeudado demasiado y tendrán que recortar los gastos. La baja en el gasto puede conducir a un círculo vicioso de quiebra de empresas, aumento del desempleo, presión a la baja sobre los salarios, más reducciones de gastos, menos oportunidades de negocios, reducción de ingresos del Estado provenientes de impuestos, seguido por recortes adicionales de gastos por parte del gobierno y los consumidores. Al mismo tiempo, la creación de dinero por los bancos centrales para los bancos privados a tasas de interés mínimos, conducirá a especulación, y a la creatividad financiera que fue la base de la crisis de 2007. Fomentará la formación de nuevas burbujas y de nuevas crisis, ya que por la falta de oportunidades atractivas de inversión en la economía real, los bancos canalizarán el dinero recién creado a la economía especulativa. Así es que el desequilibrio entre la economía real, hambrienta de dinero, y la economía especulativa inundada de dinero, se empeorará aún más.

Economías emergentes

Algunos economistas han puesto sus esperanzas en las economías emergentes, especialmente China y la India. En esos países, decenas de millones de personas han pasado a ser parte de una clase media emergente y sus ingresos se han incrementado significativamente en la última década. Pero esos aumentos no son suficientes para compensar el estancamiento de los sectores de medianos y bajos ingresos en los países ricos. Por otra parte, exportaciones menores a causa de la reducción en demanda en los países ricos probablemente darán como resultado un estancamiento de los salarios debido a la creciente competencia internacional, a la ausencia de sindicatos fuertes, a la presencia de una enorme masa laboral, y a la opción de mudar la producción a países con salarios aún más bajos. La economía convencional, ignorando los factores políticos, sociales e institucionales, tales como la influencia de los sindicatos, continuará asumiendo que los ingresos aumentarán a la par con la productividad. De nuevo, eso es una fe sin una base empírica sólida. Entonces, el resultado más probable de los acontecimientos mencionados es un estancamiento y una demanda decreciente a nivel mundial. Y esta vez, el déficit entre capacidad productiva y demanda no podrá ser compensado como se ha hecho en las últimas dos décadas: por el endeudamiento masivo.

Población de envejecientes

Aun si hubiera una manera de sobreponerse a la crisis del 2007, en las naciones ricas existe el desafío proveniente de poblaciones envejecientes y los correspondientes aumentos en gastos de asistencia médica y pensiones. Las pensiones futuras y los gastos de asistencia médica tendrán que ser financiados por una población económicamente activa que disminuye constantemente. Habrá menos dinero para otros gastos del gobierno y, así, menos demanda por parte del Estado de otros bienes y servicios, contribuyendo esto a una reducción adicional de la demanda agregada. Es probable, entonces, que la falta de demanda por parte de los consumidores y del Estado afecte no sólo los años a partir del 2010: los costos de mantener a las poblaciones envejecientes reprimirá la demanda en las décadas siguientes también.

Los que analizan la situación, desprovistos de un antifaz profesionalmente tintado, pueden llegar a una sola conclusión: enfrentamos un estancamiento económico prolongado, con altos niveles de desempleo. Una situación que puede durar décadas, ya que aún suponiendo que los consumidores y los gobiernos venzan sus problemas de balance actuales, ellos enfrentarán posteriormente la baja de ingresos que acompaña la jubilación y los gastos de pensiones y de asistencia médica de las poblaciones envejecientes.

5.2 Más allá de la recuperación económica: medio ambiente y pobreza

Pobreza y recursos naturales

Nuestro futuro económico es sólo parte del problema. De igual o aún mayor importancia es el hecho de que actualmente dos tercios de la población mundial viven en la pobreza, y más de mil millones de personas son indigentes. En el largo plazo, una preocupación de igual magnitud es la disponibilidad de recursos naturales, que nosotros y las generaciones futuras necesitaremos para sostener una población global creciente. El fracaso en atender estas preocupaciones afectará sobre todo a los dos tercios de la población global quienes, debido a su pobreza, son mucho más vulnerables a la escasez de recursos naturales que el tercio más rico.

Calentamiento global

Un gran problema ambiental es el calentamiento global. Niveles crecientes de CO_2 y otros gases, como el metano, causan que la atmósfera de la tierra y los océanos absorban más calor del sol. Esto hace que temperaturas se eleven: el efecto invernadero. Aunque haya disidentes, la gran mayoría de expertos está de acuerdo que el calentamiento global es una realidad.

Temperaturas más altas probablemente tendrán consecuencias desastrosas para gran parte de la humanidad. Ellas harán que se derritan casquetes polares y glaciares, elevando los niveles del mar. Eso amenaza a aproximadamente la mitad de la población mundial: aquellos que viven en áreas costeras, al nivel del mar, o debajo del nivel del mar. No sólo hay un peligro mayor por inundaciones, sino también por el problema que las aguas subterráneas en áreas costeras, usadas para agua potable y agricultura, se pondrán más saladas, con el riesgo de que los suelos pierdan la capacidad para la agricultura. Otros efectos probables del calentamiento global incluyen la desertificación (tierra antes cubierta de cosechas, pasto, bosques u otra vegetación que se convierte en desierto), escaseces acuáticas cada vez más severas debido a que los ríos se secan una parte del año, cambio en las cantidades y formas de precipitación, cuya intensidad aumenta, y mayor ocurrencia de fenómenos meteorológicos extremos, como tormentas destructivas y lluvias excesivas. El calentamiento global probablemente también arruinará y destruirá ecosistemas, como pantanos, arrecifes de coral y bosques lluviosos tropicales, todos los cuales tienen funciones ecológicas claves, entre otras en la producción de alimentos y la neutralización de los desechos de actividad humana.

Agua fresca

Otro gran desafío ambiental es la inminente escasez de agua dulce. Actualmente, más de mil millones de personas carecen de agua limpia. Para el año 2050 se espera que más de la mitad de la población global, tanto en países pobres como en países ricos, afronte una seria escasez de agua dulce, con China y la India como los más severamente afectados. La agricultura bajo riego en estos dos países y en muchas otras partes del mundo será seriamente afectada y se hará más difícil, y en algunos casos imposible, la producción de alimentos. Aparte de los efectos en la agricultura y la producción de alimentos, tendremos efectos directos en la salud humana. La Evaluación del Milenio ya estima que la carga anual de enfermedades por consumo de agua inadecuadamente saneada, ya asciende a 1.7 millones de muertes. Aproximadamente 2.3 mil millones de personas carecen de acceso seguro al agua potable, y 2.6 mil millones carece de acceso al saneamiento básico – una amenaza para el suministro de agua dulce.

Ecosistemas naturales y tierras con vocación agrícola

Otra amenaza ambiental es la desaparición rápida de ecosistemas naturales. El resultado no sólo consiste en la extinción de especies vegetales y animales. Ecosistemas, como arrecifes de coral y bosques de manglares también sirven de recipiente de los gases de invernadero y son el lugar de nacimiento de muchas especies de pescado. Los bosques también absorben gases de invernadero y controlan climas regionales, sobre todo la humedad y la precipitación. Los bosques de montaña son esenciales para atenuar la escorrentía del agua y así, la erosión de suelos y la sedimentación de ríos. Si las tendencias presentes continúan, en veinte o treinta años se perderá la mayor parte de los bosques tropicales que aún quedan, una gran parte de los bosques de montaña, y la mayor parte de los pantanos del mundo; los sistemas ecológicos remanentes corren el riesgo de ser severamente afectados por la contaminación.

Además del calentamiento global, la desertificación y la erosión de los suelos causada por deforestación; el viento y el agua ocasionan una disminución en la cantidad y la calidad de las tierras agrícolas. Las tierras agrícolas también se pierden por efecto de la irrigación, que en muchas áreas pone el suelo cada vez más salino, a causa de un pobre manejo del agua. En las próximas décadas, con la población global proyectada a aumentar de 7 mil millones en 2012 a más de 9 mil millones en 2050, cada vez más gente tendrá que ser alimentada de tierras agrícolas cada vez menores en superficie y con menor vocación para la agricultura.

Por qué no se afrontan los problemas

La tecnología para enfrentar los problemas arriba mencionados ya existe en su mayor parte. La capacidad para abordar los problemas está generalmente en uso; el resto podrá ser ensamblado en las próximas décadas. ¿Entonces, por qué no son enfrentados estos problemas? La cuestión clave es el dinero. Las medidas requeridas son costosas, requiriendo inversiones enormes. La mayor parte pagarán por sí mismas en el mediano o largo plazo; en algunos casos la recuperación de la inversión se logrará mas rápido, como es el caso con algunas medidas para el ahorro de energía. El sector privado, sin embargo, aspira a tener ganancias en el corto plazo. Entonces, a excepción de un puñado de medidas que rendirán frutos en el corto plazo, el sector privado no hará por sí mismo el cambio para adoptar medidas tendentes a la sostenibilidad.

Es responsabilidad del Estado realizar o auspiciar las inversiones necesarias para abordar los problemas ambientales nacionales, regionales y globales. Sin embargo, como hemos visto, los gobiernos están en una gran estrechez financiera, sobre todo desde la crisis del 2007. En consecuencia, aunque se habla bastante sobre invertir en el desarrollo sostenible, sólo hay algunos programas para promover medidas de ahorro de energía y para fomentar el uso de la energía renovable, pero estos esfuerzos no están ni cerca de lo que es necesario. No sólo se trata de incapacidad por falta de recursos: los gobiernos simplemente no asignan la prioridad a abordar los problemas de manera eficaz. Incluso en los tiempos de bonanzas económicas y financieras se hizo poco al respecto. Los políticos escuchan a los economistas, que tienen otros intereses y prioridades: mercados, eficiencia, y crecimiento. Ya que los problemas mencionados no pueden ser expresados en términos monetarios y no desempeñan ningún papel en los mercados de hoy, en gran parte ellos son ignorados. Y en la medida en que son reconocidos, siempre existe la expectativa que el mercado solucionará todo.

Pobreza: hechos y cifras

En adición a los principales desafíos ambientales, la sociedad afronta un enorme problema social: la pobreza. Los indicadores de desarrollo del Banco Mundial publicados en 2008 muestran que en el 2005 cerca de 1.4 mil millones de personas, el 22 por ciento de una población global de 6.46 mil millones, tuvieron que vivir del equivalente a 1,25 dólar o menos por día – un nivel establecido en el 2008 por El Banco Mundial como el umbral de la pobreza. Cerca del 50 por ciento de la humanidad, 3.14 mil millones de personas, tenía 2,50 dólares o menos por día para vivir. Los más afectados son los jóvenes: de los 2.2 mil millones de niños en el mundo casi la mitad, mil millones, vive en pobreza.

Aproximadamente 790 millones de personas en el mundo en desarrollo están crónicamente desnutridos. El retraso en el crecimiento debido a la desnutrición, que conlleva daño físico y mental para toda la vida, afecta a casi la mitad de los niños en el Centro y el Sur de Asia y en el Este de África, cerca del 40 por ciento en el Este y Sur de Asia, y aproximadamente el 20 por ciento en América Latina. Según las Naciones Unidas 25,000 niños mueren cada día debido a causas relacionadas con la pobreza – más de 9 millones por año. Aproximadamente 1.8 millones de estas muertes se deben a diarreas que se pueden tratar fácilmente.

Efectos de largo plazo y pronósticos

Los niños desnutridos corren el riesgo de confrontar una invalidez parcial para toda la vida, tendrán sistemas inmunológicos debilitados, y carecerán de las capacidades de aprendizaje que tienen los niños que se han alimentado bien. En niños desnutridos se reduce la motivación y la curiosidad, se reduce la actividad, y se perjudica el desarrollo mental y cognitivo. Para una futura madre la desnutrición puede producir variados niveles del retraso mental en su criatura.

Parece poco probable que en los próximos años el número y el porcentaje de gente que vive en la pobreza disminuirán considerablemente. Con naciones en todo el mundo obligadas a pagar sus deudas, y procurando no endeudarse más, los gobiernos no serán capaces ni de financiar programas de empleo en la escala requerida, ni de mejorar el nivel de los servicios públicos básicos al grado necesario. Además, el gran crecimiento demográfico en las naciones más pobres, combinado con la creciente inseguridad alimentaria que resulta de la escasez de agua dulce, el cambio climático y la pérdida de tierras arables golpeará a los pobres de la manera más cruel. En consecuencia, es probable que aumentará el número de personas que viven en la pobreza y que sufren de desnutrición y hambre.

5.3   Desarrollo económico en los países pobres

Obstáculos para el desarrollo económico

Un problema clave para el desarrollo económico en naciones pobres, sobre todo en los países más pequeños, consiste en que los pobres no generan una demanda suficiente para atraer la inversión extranjera. Por este mismo motivo los empresarios locales también pueden estar reticentes a invertir en actividades productivas. La inversión también es inhibida por partes significativas del capital de inversión nacional, especialmente lo controlado por la élite política y económica, y serán movidas hacia el extranjero, a sitios donde se obtienen más ganancias con menores riesgos.

El factor más importante que dificulta el desarrollo económico y la lucha contra la pobreza y el estrés ambiental es el mal gobierno, ya sea por una dirección política corrupta y disfuncional; o por la burocracia del gobierno. Los políticos y funcionarios interesados únicamente en su propio beneficio no tienen interés en una gestión medio ambiental responsable, o en el mejoramiento del destino de los pobres. Los escasos recursos del gobierno son mal gastados, al tiempo que los remanentes se gastan para cubrir necesidades de la élite: en seguridad, en proyectos de prestigio, y en gastos militares. La corrupción espanta los inversionistas extranjeros y se convierte en una carga pesada para empresarios locales, ya que no pueden operar, a menos que otorguen sobornos u otras formas de pago. La gente instruida y los emprendedores se marchan para probar suerte en otras partes, generalmente en naciones ricas, lo que aún más disminuye las perspectivas de desarrollo en su país de origen.

6 HACIA UNA NUEVA ECONOMIA

6.1 La necesidad de una nueva economía

Cambios desde adentro?

Como están las cosas, la economía convencional seguirá aferrada al modelo de equilibrio competitivo y persistirá en su intento de representar la realidad económica en ecuacioncs matemáticas. Los hechos, de que la realidad no concuerda con la teoría económica, que las condiciones de equilibrio están lejos de ser logradas, y el pésimo historial de pronósticos económicos, no son suficientes para que los economistas rechacen su fe en el equilibrio. Al parecer, para que los economistas abandonen su fe en el equilibrio exige eventos aún más impactantes que la crisis del 2007. Tal vez eso no es extraño: la investigación psicológica ha indicado que los fieles siempre encuentran maneras de reinterpretar la realidad de acuerdo con sus creencias básicas.

Tiempo para la acción

Ha llegado el momento para la acción. Hay una necesidad urgente de sacudir el edificio de la economía. Sus ocupantes tienen que reeducarse a sí mismos como científicos sociales, y reconstruir la economía como ciencia social. La ambición tendrá que ser controlada: hay que borrar la pretensión de ser una ciencia natural. Una nueva economía abandonará *la idée fixe* de que la complejidad de la toma de decisiones humanas puede expresarse en fórmulas matemáticas. Además, tendrá que ser una ciencia que reconozca que los pronósticos no pueden basarse en una extrapolación simple del pasado. Una nueva economía tendrá que ser una ciencia que, en lugar de desechar cómodamente todos los hechos y aspectos de la realidad que no se ajustan a sus modelos, se base en un profundo análisis de la realidad en toda su complejidad.

6.2 Puntos de partida de una nueva economía: métodos

Economía: una ciencia social

La economía es una ciencia social. No hay base para suponer la existencia de una realidad económica más allá de la suma de todas las decisiones humanas. Es un error tratar de expresar en modelos matemáticos las decisiones humanas que dan forma a la realidad económica, especialmente si - como con el equilibrio competitivo - los modelos se basan en suposiciones que no tienen base en la realidad.

Deseche la fe, vuelva a la ciencia. El objeto de la ciencia económica es la toma de decisiones humanas sobre cuestiones económicas. La forma de analizarlo es el estudio de los tomadores de decisiones a través de los métodos de las ciencias sociales como la observación empírica, entrevistas, experimentos, análisis cualitativo y cuantitativo, y un análisis comparativo utilizando el razonamiento inductivo[x].

Micro y macro

Al nivel micro, cuyo tema principal es la toma de decisiones económicas por individuos, una nueva economía tendrá la experimentación, la observación y la entrevista como herramientas primarias de análisis del comportamiento. Al nivel macro, la economía analizará los fenómenos económicos mediante el análisis comparativo: la comparación de casos con características similares en ambientes comparables. Esas comparaciones deben ser a través del razonamiento inductivo, y conducirán a conclusiones generales y a la formación de la teoría. El razonamiento debe hacerse explícito, lo que dará a otros científicos (o los no científicos) la posibilidad de dar seguimiento, verificar y cuestionar las conclusiones alcanzadas.

Para la elaboración de políticas una nueva economía implicaría el estudio, a lo largo de las líneas descritas anteriormente, de las experiencias anteriores con la aplicación de políticas: lo que funciona - es decir: lo que genera efectos deseados en los tomadores de decisiones económicas - en qué condiciones y por qué. Se tendrán en cuenta todos los factores explicativos de los fenómenos y no, como es el caso hoy en día, sólo aquellos factores que entran en el ámbito de la economía convencional, es decir, las motivaciones de esa criatura unidimensional llamado el hombre económico racional.

Cuantificación

Una nueva economía va a tener aún un componente cuantitativo: las matemáticas seguirán siendo necesarias. No será el tipo utilizado ahora para expresar la realidad en ecuaciones matemáticas, pero la estadística, utilizada para describir y resumir conjuntos de datos y probar hipótesis sobre las relaciones entre variables. Las matemáticas también se utilizan para el análisis de las estadísticas claves macroeconómicas como el ingreso nacional, el producto nacional, y sus componentes.

6.3   Una nueva economía aplicada : propósito y procedimiento

Social en el sentido moral

Desde un punto de vista científico y metodológico, entonces, la economía debe convertirse en una ciencia social. Lo mismo puede decirse desde el punto de vista moral: la economía debe convertirse en una ciencia social. La formulación es la misma, el significado es diferente. Debido a su tendencia a mirar sólo lo que ocurre en los mercados, la economía de hoy día es antisocial: está orientada exclusivamente a la satisfacción de la demanda respaldada por la capacidad de pago. No se tiene en cuenta las necesidades de los miles de millones de personas que actualmente no pueden pagar por los bienes y servicios que necesitan para satisfacer sus necesidades básicas. Tampoco toma en cuenta las necesidades de las generaciones futuras, que tampoco son capaces de traducir sus necesidades en una demanda económica. El fetichismo del mercado hace que la economía convencional ignore cuestiones sociales y ambientales, incluyendo el hecho de que la actividad económica de hoy amenaza seriamente el bienestar de las generaciones futuras, por el uso no sostenible de los recursos naturales, incluyendo la destrucción de los ecosistemas naturales.

Enfoque en las necesidades de la sociedad

Los economistas de hoy día se centran en maximizar la eficiencia en la asignación de los recursos para satisfacer la demanda económica. El supuesto implícito es que la eficiencia maximizada produce los mayores beneficios para la sociedad y por lo tanto, debe ser la meta de la economía aplicada. Una nueva economía aplicada se centrará de manera diferente. Una re-orientación es oportuna porque descartar el modelo de equilibrio competitivo permite actuar sobre la observación de que la maximización de la eficiencia económica no se traduce necesariamente en el mayor beneficio para la sociedad. Por otra parte, los problemas enfrentados por la humanidad y la incapacidad para adoptar medidas eficaces en resolverlos hace impostergable la introducción de una perspectiva de largo plazo en la economía. Esta nueva perspectiva debe centrarse no sólo en la demanda respaldada por la capacidad de pago, sino también, en las necesidades de los que no tienen esa capacidad.

Metas de una nueva economía aplicada

La economía aplicada de hoy, por consiguiente, debe ser reemplazada por una nueva economía aplicada que proporcione los elementos para el desarrollo que beneficie a toda la humanidad, del presente y del futuro. El objetivo de esta nueva economía aplicada sería proporcionar los conocimientos y las herramientas de política para permitir que toda la humanidad, actual y del futuro, satisfaga sus necesidades básicas y desarrolle todo su potencial humano. La meta de la nueva economía aplicada se podría formular de la siguiente manera: *proporcionar conocimientos y herramientas para las políticas que permitan alcanzar de la manera más eficiente el mayor bienestar para el mayor número de personas, garantizando al mismo tiempo que se cumplen las necesidades básicas de todas las personas, ahora y en el futuro.* Llamemos a esto, para abreviar, *maximizar el bien público.* La pregunta clave para una nueva economía aplicada sería entonces: *¿Qué políticas económicas contribuirán más eficazmente a maximizar el bien público?*

Una nueva economía aplicada tendría un enfoque geográfico más amplio que la macroeconomía de hoy día, que se centra principalmente en las economías nacionales. Los problemas primordiales que enfrenta la sociedad traspasan las fronteras nacionales, y claman por un enfoque global. Y el término "en el futuro" implica que la nueva economía adopte una perspectiva de largo plazo.

Una nueva economía aplicada mantendría el foco en la eficiencia, es decir, en la asignación de los recursos escasos de la manera más eficaz para la consecución de la meta de maximizar el bien público. Pero el abandono del concepto de equilibrio competitivo permitiría nuevas perspectivas en dos conceptos claves en la economía: la demanda y el dinero. Ambos conceptos necesitan una revisión radical - no sólo para obtener una mejor comprensión de la realidad económica, sino también para llegar a las nuevas políticas propuestas para maximizar el bien público.

6.4   Una nueva perspectiva sobre la demanda

Demanda, necesidades y una sociedad sostenible

Hay una gran diferencia entre la demanda económica y la demanda para maximizar el bien público. Cerca de una cuarta parte de la humanidad que vive por debajo del umbral de pobreza tiene necesidades urgentes como alimentos, vivienda, agua potable, atención médica y educación. Del mismo modo, hay una gran necesidad de bienes y servicios para hacer frente a los problemas ambientales como la contaminación, el calentamiento global, la pérdida de tierras agrícolas y los ecosistemas naturales, y la escasez de agua dulce. En la economía convencional se ignoran estas necesidades si no son convertidos en demanda económica. En una nueva economía aplicada, el abordaje de estas necesidades llegará a ser una prioridad. Su cumplimiento dará lugar a una sociedad socialmente justa y ambientalmente sostenible: un mundo en el que toda la humanidad pueda vivir en libertad y en salud, en un ambiente limpio, con suficiente tierra, agua y otros recursos naturales, para garantizar una calidad de vida decente. Llamemos a esto, en bréve, una sociedad sostenible.

Desarrollo sostenible

El camino para llegar a una sociedad sostenible es a través del *desarrollo sostenible*. El término "desarrollo" indica que arribar desde el presente a una situación deseada en el futuro es un proceso gradual. La palabra "sostenible" significa que para llegar a ese estado y mantenerlo, los recursos del mundo tendrán que ser utilizados de tal manera que ahora y en el futuro habrá suficiente para todos. El objetivo del desarrollo sostenible, entonces, es asegurar que todas las personas de las generaciones presentes y futuras tengan igual acceso a todas las cosas necesarias para garantizar una calidad de vida decente.

La calidad de vida tiene un componente material y otro inmaterial. El componente material se refiere a las condiciones de salud física: un entorno no contaminado, agua potable y alimentación adecuada, vivienda, condiciones sanitarias y atención para la salud. El componente inmaterial se refiere a que las personas puedan vivir su vida como mejor les parezca, sólo limitada por el derecho de los demás a hacer lo mismo. Esto significa tener la libertad de tomar decisiones, así como tener acceso al conocimiento y a la información que pueda ayudar a las personas a tomar esas decisiones. También significa la oportunidad de desarrollar el potencial mental, a través del acceso a una educación de buena calidad y, sobre todo en los primeros años de vida, a la atención y el cuidado necesarios para el pleno desarrollo cognitivo, emocional e intelectual.

Una nueva economía aplicada debe apoyar el desarrollo sostenible y, de esta manera, ayudar a garantizar que toda la humanidad tenga asegurada una calidad de vida decente. Esto se haría al "traducir" las necesidades de maximizar el bien público en demanda económica. Más específicamente, la nueva economía debe contribuir a la utilización óptima de los recursos de la sociedad en un programa destinado a enfrentar los desafíos ambientales, sociales y económicos antes descritos, a nivel mundial, de la manera más eficaz, eficiente y, por tanto, rápida: *un programa de desarrollo sostenible*.

Demanda económica, demanda de la sociedad y demanda total

Un primer paso para la nueva economía propuesta, entonces, es redefinir el concepto demanda. En lugar de centrarse únicamente en la demanda económica, la nueva economía tomaría como punto de partida la demanda económica y la demanda de bienes y servicios necesarios para la implementación de un programa de desarrollo sostenible: *la demanda societal*. Tenga en cuenta que la demanda económica representa no sólo las necesidades privadas, sino también aquellas necesidades públicas que actualmente están respaldadas por la capacidad de pago del Estado. La demanda societal, entonces, representa un conjunto de necesidades públicas adicionales a las ya financiadas, cuya satisfacción no puede ser financiada en la actualidad. Vamos a llamar a la suma de la demanda económica y societal, *la demanda total*.

El reto de una nueva economía aplicada sería analizar cómo lograr que la demanda total se pueda cumplir de la forma más eficaz y eficiente. Cuando se satisfagan tanto la demanda societal como la demanda económica, lo que implicaría una competencia por los recursos escasos, la nueva economía se enfrentaría a la difícil tarea de analizar y presentar recomendaciones sobre cómo equilibrar las dos demandas. La nueva economía analizaría y señalaría diferentes escenarios y políticas para la asignación de recursos para satisfacer la demanda económica y la demanda societal. Además, la nueva economía señalaría las consecuencias económicas y financieras de priorizar la demanda societal sobre la demanda económica; así como, viceversa, dar preferencia a la demanda económica sobre la demanda societal.

El equilibrar la demanda societal y económica, priorizando una sobre la otra, involucraría decisiones políticas. Dar prioridad a la demanda societal sobre la demanda económica privada implicaría la asignación de una mayor parte del potencial productivo de la sociedad para satisfacer las necesidades públicas. La nueva economía señalaría no sólo las consecuencias económicas y financieras de dar prioridad a una forma de demanda sobre la otra, sino también, las consecuencias de esas decisiones para el logro de la meta de una sociedad sostenible.

El rol del Estado

La entidad que tendría que iniciar, financiar y administrar un programa de desarrollo sostenible sería el Estado. Los consumidores no gastan en bienes públicos, ya que son bienes y servicios que, aunque benefician a la sociedad en general, no satisfacen directamente necesidades personales. Asimismo, las empresas no van a invertir en la producción de bienes y servicios públicos que, a pesar de proporcionar beneficios a largo plazo para la sociedad, no producen beneficios en el corto plazo. Es tarea del Estado, del gobierno, invertir para el bien común, sobre todo para el largo plazo. El Estado no tendría que producir por sí mismo todos los bienes y servicios necesarios para el desarrollo sostenible: siempre que sea posible, es decir, en mercados que funcionen bien, el Estado podría hacer uso del sector privado para promover la eficiencia económica y social.

6.5 Precios e impuestos

Balanceando la demanda económica y la demanda societal

La nueva economía se centrará, pues, en cómo la capacidad productiva actual y potencial de la sociedad puede ser ensamblada para dar un uso más eficaz y eficiente para satisfacer la demanda económica y la demanda societal. El desafío sería encontrar un equilibrio garantizando que la demanda total no exceda la capacidad productiva, a fin de evitar un tirón de la demanda, y la inflación generada por el costo.

Promoviendo la sostenibilidad a través de impuestos

El crecimiento económico resultante de la aplicación de un programa de desarrollo sostenible aumentaría la demanda económica, lo que llevaría a una mayor producción y consumo de bienes y servicios que no son producidos en forma sostenible. Esto aumentaría la contaminación y el consumo de recursos finitos, por lo tanto iría en contra del desarrollo sostenible. Una nueva economía utilizaría los impuestos para hacer la demanda económica ambientalmente sostenible, proporcionando los parámetros para la imposición de impuestos en actividades no sostenibles. En una economía sostenible, mientras menos sostenible serían la producción y el consumo de ciertos bienes o servicios, más altos serían los impuestos, tanto sobre la producción como sobre el consumo. Esto reduciría el consumo y la producción y estimularía el desarrollo de alternativas sostenibles.

Uso de las fuerzas del mercado para la sostenibilidad

En la economía convencional el precio de la tierra, la mano de obra y los recursos naturales es fijado por las fuerzas del mercado. No se presta atención a la cuestión de si la explotación de la tierra y otros recursos naturales es sostenible en el largo plazo. Una nueva economía haría obligatorio, a través de impuestos, incluir los costos de la contaminación y la destrucción o el uso no sostenible de los recursos naturales en los precios de los bienes y servicios producidos. Entonces, los precios se establecerían no sólo con base en las fuerzas del mercado, sino también por las exacciones que reflejarían los costos del manejo sostenible de los recursos, incluyendo su restauración.

La economía convencional tampoco se ocupa de la cuestión de si los niveles salariales permiten que los trabajadores y sus dependientes tengan los medios para una vida adecuada. Una nueva economía partiría de los niveles salariales mínimos que permitan a los trabajadores y sus dependientes un nivel de vida en el que se satisfagan todas las necesidades básicas. Del mismo modo una nueva economía ayudaría a definir el régimen de seguridad social que sería necesario para garantizar un nivel de vida aceptable para todos.

La propuesta para la nueva economía aplicada apuntaría a utilizar el mecanismo de precios del mercado así como los impuestos, subsidios y contribuciones, para la promoción de los programas nacionales de desarrollo sostenible y un programa global de desarrollo sostenible. La demanda creada al satisfacer las necesidades del desarrollo social y ambiental de la sociedad también resolvería, en los países ricos y en los países pobres, el problema económico de la creciente brecha entre la productividad y la demanda.

6.6   Una nueva perspectiva sobre el dinero

Economía convencional: carencia de dinero para la economía real

En el contexto económico actual los gobiernos carecen de dinero para poner en marcha un programa para el desarrollo sostenible. Sobre todo en los países ricos altamente endeudados, en gran parte como resultado de la crisis del 2007, los gobiernos ni siquiera tienen dinero suficiente para cumplir las obligaciones actuales, y mucho menos para iniciar un programa de nuevas inversiones a gran escala. Esta falta de dinero, sin embargo, no es un hecho de la naturaleza, es decir, no es algo más allá del control del hombre. La expresión "en el contexto económico actual" no se refiere tanto a la crisis económica que siguió a la crisis del 2007, sino a la camisa de fuerza financiera impuesta por la economía convencional.

En la actualidad, las políticas fiscales y monetarias "responsables", propuestas por casi todos los economistas - aunque con variaciones en tiempo y severidad - de hecho drenan los recursos de los gobiernos, incluso los necesarios para iniciar y mantener un programa mundial para el desarrollo sostenible y para la reactivación del crecimiento económico.

Por otra parte, las políticas económicas prescritas provocarán una escasez de actividad económica en la economía real, haciendo que la recuperación de la crisis del 2007 sea prácticamente imposible.

Nueva economía: creación de dinero

La solución a la falta de dinero para la inversión pública es simple. Se trata de que los bancos centrales creen dinero para ser utilizado por el Estado para poner en marcha un programa para el desarrollo sostenible. Este programa no sólo hará frente a los problemas ambientales y sociales de la sociedad, sino que también impulsaría la economía a niveles de crecimiento saludables. La solución es simple, pero su aplicación requiere una revisión radical de la imagen del dinero que nos ha impuesto la economía convencional.

La nueva economía propuesta abandonaría la perspectiva sobre el dinero como un recurso que solamente puede ser inyectado en la economía por medio de préstamos canalizados a través de los bancos privados. En cambio a los bancos centrales se les permitiría, dentro de los límites impuestos por la capacidad productiva de la sociedad, crear dinero para ponerlo directamente a disposición de los gobiernos, para hacer frente a la demanda societal.

Manteniendo la confianza

La mayor amenaza para la creación de dinero para ser usado por el Estado serían las personas que pierdan la fe en el valor del dinero. La base de este temor es la creencia de que los demás ya no confíen que el dinero podrá mantener su valor. Esa pérdida de fe es un fenómeno social, fuertemente influenciado por los líderes de opinión. La inflación a través de la pérdida de confianza se convertirá en una profecía cumplida por sí misma si los economistas, otros expertos financieros y en especial la prensa dictarían a la ciudadanía que la inflación es eminente.

La creación de dinero para el Estado por lo tanto requiere, como primer paso, establecer una base firme para la mantención de la confianza en el valor del dinero. Esto puede suceder sólo si una mayoría considerable de expertos económicos y financieros de alcance global, incluyendo economistas, dirigentes políticos, directores de bancos centrales y otras autoridades financieras, así como los medios de comunicación, acepta el principio de la creación de dinero para el Estado. Sólo entonces los mercados financieros y el público en general, estarán convencidos de que el dinero mantendría su valor, incluso cuando se cree, con mesura, para su uso por el Estado.

Evitando abusos

La objeción más válida para la creación de dinero para ser usado por el Estado sería que los gobiernos no puedan confiar que ese privilegio se utilizará sabiamente. El argumento es que dar acceso a dinero extra motiva a políticos y burócratas a que lo gasten de una forma irresponsable. Para evitar este problema, las tareas de creación de dinero y su gasto deben separarse estrictamente. Hoy en día, los países con monedas de aceptación internacional ya tienen bancos centrales independientes, responsables para las políticas monetarias. Por tanto, la creación de dinero debe añadirse a las tareas de los bancos centrales.

Los bancos centrales juzgarían la medida en que las solicitudes de dinero por parte de los gobiernos pueda cumplirse sin causar inflación, y destinar el dinero en consecuencia. Los bancos podrían basar sus juicios en estimaciones del potencial de la capacidad de producción, y a través de la supervisión constante de los precios. En una economía global cada vez más abierta, la creación de dinero y la política monetaria estarían coordinadas entre los bancos centrales y los organismos financieros internacionales, como el Fondo Monetario Internacional y el Banco de Pagos Internacionales.

Una estricta separación de la creación de dinero (por parte de los bancos centrales) y su gasto (por parte de los gobiernos) se combinaría con medidas destinadas a contener la inflación por demanda, y la inflación impulsada por el costo. El gobierno trabajará en estrecha colaboración con empresas, sindicatos y otras partes interesadas para establecer una especie de contrato social en virtud del cual los productores limitarán los aumentos de precios, y los trabajadores y sindicatos limitarán sus demandas salariales. Si a pesar de dichos contratos, los gobiernos, los trabajadores o los productores se comportan irresponsablemente, aumentando excesivamente los precios y las demandas salariales, los bancos centrales y los ministerios de finanzas contrarrestarían con carácter temporal, disminuyendo o deteniendo las transferencias de dinero hacia los programas involucrados.

7 ABORDANDO LOS PROBLEMAS DE LA SOCIEDAD

7.1 Estrategia: lo que funciona

Qué, cómo y quién?

Al abordar las cuestiones económicas, sociales y medioambientales de la sociedad, una nueva economía debería ayudar a definir el "cómo" y el "quién" para poner en marcha el desarrollo sostenible, especialmente en lo que respecta a los roles y responsabilidades del Estado y del sector privado. Los principios rectores para hacerlo serían el eclecticismo y el pragmatismo. El eclecticismo se refiere a utilizar diferentes teorías, ideologías y otros conjuntos de ideas para llegar a un conjunto que funciona. El concepto estrechamente relacionado del pragmatismo implica abordar los problemas con soluciones prácticas que funcionen, y no con ideologías o teorías. Al acercamiento basado en eclecticismo y pragmatismo también podemos llamar "Lo que funciona".

De acuerdo con "lo que funciona", proponer una nueva economía no significa desechar toda la economía actual. Sus útiles ideas y componentes - a excepción de las ideas delirantes tratadas en los capítulos anteriores - pueden y deben ser utilizadas. Del mismo modo, la crítica alineada al fetichismo del mercado no significa que los mercados y el capitalismo deben ser desechados en el fomento del desarrollo sostenible. Deben aprovecharse las fuerzas del mercado y por tanto, del capitalismo en aquellas situaciones donde los mercados operan bien, es decir, donde la "mano invisible" puede ser utilizada para promover el bien público.

7.2 Aumentando la demanda y la capacidad productiva

Desarrollando el potencial de la capacidad de producción

Cerrar la brecha entre la capacidad productiva y la demanda requerirá políticas que aumenten la demanda. La demanda tiene que ser aumentada, no sólo para que coincida con la capacidad de producción real, que está subutilizada, sino también para hacer un mejor uso de la capacidad de producción potencial de creación de empleo y de bienes y servicios para el bien público. El objetivo sería alcanzar la meta de una sociedad sostenible con la mayor rapidez posible, haciendo un uso óptimo de la capacidad productiva de la sociedad.

El mayor potencial para el aumento de la producción, la creación de empleo y el aumento de la demanda radica en el desarrollo de la capacidad potencial de producción. Las posibilidades son mayores en las economías donde hay mucho excedente de mano de obra: en países en crisis económica y, sobre todo, en los países en desarrollo. En este último caso, el potencial de corto plazo se encuentra principalmente en la producción de bienes y servicios relativamente simples, que no requieren de una gerencia ni de conocimientos técnicos avanzados. La creación de la capacidad productiva de bienes y servicios más complejos tomaría más tiempo, tanto para el establecimiento de instalaciones de producción como para la creación de recursos humanos capacitados. La principal limitación para el desarrollo de la capacidad de producción potencial sería la falta de mano de obra calificada. El desarrollo de competencias, a través de la educación y el reentrenamiento, por lo tanto, debería recibir una atención privilegiada. Ya que la pericia en enseñar estas competencias también sería escasa, el aumento de la capacidad de enseñanza debería ser una prioridad.

Creando demanda a través del desarrollo sostenible

La implementación de un programa de desarrollo sostenible crearía, por un lado, una gran demanda de los bienes y servicios necesarios para hacer nuestra economía y sociedad ambientalmente sostenible y socialmente equitativa. Por otra parte los puestos de trabajo y la riqueza creada por la producción de bienes y servicios para el desarrollo sostenible crearían un efecto multiplicador en toda la economía. El aumento de la demanda económica como resultado de decenas de millones de nuevos puestos de trabajo reduciría aún más la brecha entre la capacidad productiva y la demanda.

7.3   Un programa de desarrollo sostenible

Puntos focales del desarrollo sostenible

Un programa para el desarrollo sostenible se centrará, en primer lugar, en la conversión de la actual economía global, que es ambientalmente insostenible, en una que es ambientalmente sostenible: una economía impulsada por las energías renovables, con niveles de contaminación mínimos, con máxima eficiencia energética, con capacidad de reciclar todos los materiales finitos. El resultado final sería una economía con emisiones perjudiciales mínimas y una tasa de cerca de 100 por ciento en el reciclado de recursos finitos. Además, el programa de desarrollo sostenible se centraría en el uso racional y sostenible de la tierra, el agua y los ecosistemas naturales, a través de la reforestación, el control de la erosión, la mejora de los suelos deteriorados, la rehabilitación y ampliación de sistemas de riego y drenaje, la captación y el almacenamiento de agua fresca, y la protección de los ecosistemas.

El segundo componente importante de un programa de desarrollo sostenible sería la creación de las condiciones que permitan a cada ser humano desarrollar su pleno potencial humano. Esto implica, para cada individuo, el acceso a una alimentación adecuada y a agua potable, a saneamiento y vivienda, así como a servicios adecuados de salud y educación, y al empleo digno.

Efectos sobre la recuperación económica y el crecimiento

El aumento de la demanda generado por la implementación de un programa de desarrollo sostenible proporcionará el impulso necesario para restaurar la economía mundial a niveles de crecimiento saludables. Sin embargo, en contraste con el crecimiento en el pasado y en el presente, el crecimiento generado por el desarrollo sostenible sería ambientalmente sostenible y socialmente equitativo.

Eliminación de la pobreza indigente

La implementación de un programa de desarrollo sostenible podría eliminar efectivamente la pobreza mediante la creación de un gran número de puestos de trabajo en la recuperación de tierras, la reforestación, y las reparaciones, mejoras y la construcción de sistemas de riego, obras de control de erosión, y otras obras para el manejo sostenible de la tierra y el agua. Además, crearía empleos a amplia escala, a diferentes niveles de competencias, en la conversión a energías renovables, el reciclaje, la reducción de la contaminación, y de obras de infraestructura tal como la construcción de carreteras.

Gradualidad

Un programa que cubra todas estas áreas no se podría establecer y aplicar de un año a otro. Se necesitaría tiempo para planear y preparar los programas nacionales y globales, y para ponerlos en marcha, con la experiencia técnica y de gestión como los principales cuellos de botella. Los programas crecerían gradualmente tanto en naciones ricas como en naciones pobres, dando prioridad a la capacitación técnica y gerencial, e iniciando con las medidas que se esperaría que producirían el mayor efecto positivo en el menor tiempo posible.

Prioridad en el corto plazo

Las indigentes condiciones de vida de los más pobres tendrán que abordarse en el menor plazo posible. La manera más eficaz de hacerlo sería estableciendo un sistema básico de seguridad social, prestando apoyo directo al ingreso. Esto podría tomar la forma de pagos de manutención de los hijos (dentro del marco de la planificación familiar, para evitar que los pagos se conviertan en un incentivo para tener más hijos), de pensiones, y de pagos directos a los pobres. Esto les permitiría comprar los bienes y servicios necesarios para la subsistencia a un nivel de vida mínimo. Los pagos de manutención de niños deberán hacerse a las mujeres, que son mucho más propensas que los hombres a gastar el dinero en la manutención del hogar.

7.4   Financiamiento del desarrollo sostenible

Financiamiento convencional

Los programas de desarrollo sostenible podrían financiarse, en parte, en la forma convencional: a través de los impuestos, y por la liberación de recursos a través de recortes en los gastos gubernamentales innecesarios. Nuevos impuestos incluirían las imposiciones ya mencionadas sobre bienes y servicios producidos en forma no sostenible. Los ingresos tributarios también se podrían aumentar mediante una mejor aplicación de las leyes tributarias, mediante el abordaje de las "lagunas" fiscales, y mediante el aumento de los impuestos a los ingresos más altos y a las corporaciones. Los recursos del Estado podrían ser liberados a través de la prestación de servicios racionalizados, incluyendo un mejor uso de la tecnología de la información, la eliminación de la burocracia, y el despido o retiro de personal moroso o disfuncional de otra manera.

Creación de dinero para el desarrollo sostenible

Aunque la aplicación efectiva de estas medidas convencionales de generar o economizar recursos públicos podría recaudar cientos de miles de millones de dólares en todo el mundo, no sería suficiente para financiar un programa global completo para el desarrollo sostenible. La cuestión de la forma en que se cubriría el déficit ya ha sido contestada: a través de la creación de dinero para su uso por el Estado.

La creación de dinero para ser usado por el gobierno debe ser asumido dentro de un sistema de chequeos y balanceos que restringirían el gasto excesivo, es decir, el gasto de demasiado dinero con demasiado rapidez. Como indicado, ya existe una estructura adecuada en los países con monedas de aceptación internacional, formado por los bancos centrales que operan de forma independiente de los gobiernos. Con los bancos centrales manteniendo la creación de dinero bajo control, esta sería posible sin que el gasto cree inflación; siempre y cuando la demanda total no excedería la capacidad de producción y, sobre todo, siempre y cuando se mantenga la fe en el valor del dinero.

La demanda total se equilibraría con la capacidad productiva de la sociedad bajo un estrecho seguimiento a los precios, así como con el aplazamiento o la reducción del financiamiento de proyectos que superen la capacidad productiva. Los mencionados contratos sociales entre el Estado, los sindicatos y los empleadores para controlar los sueldos y los precios, en combinación con la amenaza de detener el financiamiento del programa de desarrollo sostenible, debería ser suficiente para contener auges excesivos en los precios y salarios.

Manteniendo la confianza

La confianza en el dinero se podría mantener siempre que el mismo –el dinero– se cree a través de un sistema coordinado, dirigido por un organismo financiero internacional aceptado mundialmente, en estrecha colaboración con todos los bancos centrales que manejen monedas aceptadas internacionalmente. Todas las monedas principales deben participar en el programa – dejando a los inversores, operadores financieros y otros actores en los mercados financieros sin una alternativa monetaria seria. Sin esa alternativa, los mercados financieros no tendrían más remedio que poner su fe en las monedas para los cuales se ha posibilitado la creación para el uso por parte del Estado. Así, implícita o explícitamente, los mercados tendrían que suscribirse al principio que soporta la creación de dichas monedas.

7.5   Comercio libre y justo

Del libre comercio al comercio libre y justo

El enfoque de la nueva economía sobre el comercio también variaría del de la economía convencional. Como se ha dicho, el libre comercio es bueno para los consumidores: se fomenta la competencia, dando lugar a precios más bajos y, a menudo, a productos nuevos y mejores. Sin embargo, también lleva, tanto en países ricos como en países pobres no competitivos, a la pérdida de oportunidades de empleo y, en todo el mundo, a una presión a la baja de los salarios. El libre comercio, por lo tanto, es una de las principales causas de la brecha creciente entre la capacidad productiva y la demanda y, además, sostiene las malas condiciones laborales y los daños ambientales.

La nueva economía propuesta promoverá el comercio en un mercado global abierto que a la vez, será libre y justo. El comercio libre y justo significaría, como implica el término "libertad", la eliminación de subsidios a la exportación, los aranceles y otras medidas de protección de las industrias nacionales. Esto es también el objetivo perseguido actualmente por los defensores del comercio libre. Lo "justo" representaría el principio de que el libre comercio no tendrá lugar a expensas de los trabajadores y del medio ambiente, como ocurre actualmente. Esto se logrará mediante la introducción de una "línea de fondo" en el comercio: un conjunto de normas sociales y ambientales mínimas, incluyendo la seguridad de los trabajadores, salarios mínimos que permitan la subsistencia, y medidas de control de la contaminación. El comercio libre y justo pondría fin a la carrera hacia el fondo que caracteriza el comercio libre actual, con empresas trasladándose a los países con los salarios más bajos, con la más mínima protección del trabajador y las regulaciones ambientales más laxas. Así se pararía la competencia para atraer la inversión por medio de reducir al mínimo las regulaciones sociales y ambientales; y se abriría el camino para proteger el medio ambiente y los trabajadores

Resultado final

Todos los países deberían cumplir con las normas sociales y medioambientales fijadas como la "línea de fondo". Para evitar la competencia injusta de países que no cumplan las normativas, los países cumplidores formarían un bloque de libre comercio. Ese bloque obtendrá el derecho a imponer sanciones comerciales a países no cumplidores.

Una Organización Mundial del Comercio (OMC) reformada utilizaría a expertos independientes para establecer estándares globales ambientales y sociales, y adaptaría los existentes en naciones individuales. También establecerían una agenda para igualar todos los estándares: mientras que inicialmente, las normas tendrían en cuenta el estado de desarrollo de una nación, dando lugar a normas menos estrictas para los países menos desarrollados, a mediano plazo todas las naciones se regirían por las misma normas.

7.6   Privado o público?

Incentivos, indicadores, y organizaciones implementadoras

La aplicación eficaz y eficiente del desarrollo sostenible requeriría la identificación de los incentivos adecuados para los ejecutores y la definición de los indicadores de desempeño adecuados para evaluar la medida en que se cumplan los objetivos de desarrollo. Además, se trataría de decidir sobre el tipo de organización que tendría la mejor probabilidad de actuar sobre los incentivos de la manera deseada; es decir, de tal manera que se alcancen los objetivos societales.

Incentivos

Los incentivos deben ser tanto positivos como negativos. Los incentivos positivos serían financieros, como el pago y las bonificaciones, así como psicológicos: la promoción, el reconocimiento sobre el desempeño, la satisfacción sobre el trabajo. Además, se podría dar ventajas tales como un entorno de trabajo mejorado, vacaciones extras y horario flexible. Incentivos negativos serían degradación, reducción de salario y despido. Inicialmente, los incentivos negativos podrían ser más necesarios que los positivos, sobre todo en aquellos países en los que la ausencia de incentivos negativos, en particular la posibilidad de sancionar y despedir empleados improductivos, es una causa principal de los malos resultados de las organizaciones públicas.

Indicadores de desempeño

Un juicio sobre si un individuo o unidad funciona bien tiene que estar basado en la evaluación de los indicadores que reflejen adecuadamente los resultados que se deben alcanzar. En el sector privado, el indicador predominante es, como se discutió, las ganancias. En entidades sin fines de lucro, como los que proveen bienes y servicios públicos, la determinación de los indicadores de desempeño es más compleja. En la práctica, los indicadores, así como los incentivos, variarán de acuerdo con el tipo de bien suministrado.

Por ejemplo, los indicadores para los servicios de salud podrían ser la tasa de recuperación, la duración de la recuperación, el coste por tratamiento, y la tasa de mortalidad. También, dado que en un sistema de salud pública la prevención de una enfermedad es mucho más eficaz y eficiente que la curación de la misma, los indicadores importantes serían la incidencia de enfermedades y la salud general de la población. El desempeño en estos dos últimos indicadores reflejaría el éxito de los esfuerzos para reducir al mínimo la incidencia de enfermedades mediante la promoción de hábitos saludables y otras medidas para prevenirlas.

Oferta: público o privado sin fines de lucro

Cuando los bienes y servicios son ofertados por el sector privado, el afán de lucro siempre será dominante. Como hemos visto, en muchos casos el afán de maximizar las ganancias va en contra del interés público. Sólo en mercados muy competitivos y transparentes, el afán de lucro puede ser mantenido bajo control por la competencia. Para la mayoría de los servicios públicos, los mercados no son competitivos ni transparentes, de manera que las organizaciones públicas, o las privadas sin fines de lucro, son las opciones lógicas para el suministro de servicios.

El sistema de salud: un servicio público

No se puede esperar que la oferta del sector privado en servicios de salud cumpla con el objetivo societal de una atención eficaz y eficiente para el público en general. La opción preferida, por tanto, es que el Estado, es decir, los organismos gubernamentales, proporcionen los servicios de salud: un sistema de salud público. Para que tal sistema funcione de manera eficaz y eficiente las organizaciones involucradas, es decir, la gerencia y el personal, tendrán que contar con los incentivos e indicadores de desempeño adecuados.

Un sistema nacional de salud administrado por el Estado, brindando atención gratuita o a cambio de una contribución mínima de los usuarios, sería mucho más eficiente que los sistemas actuales, que son mixtos e innecesariamente complejos, en los que las compañías de seguros sirven de intermediarias entre el público y los proveedores de servicios de salud. La eliminación del sistema de seguro liberaría miles de millones de dólares que se podrían invertir en la prestación de cuidados médicos. También habría menos necesidad de las burocracias enormes en los sistemas mixtos de hoy en día para la administración, el control y la regulación de sistemas de salud que cada vez llegan a ser más complejos, en un intento infructuoso para mantener los costos bajo control. La reducción de esas burocracias también liberaría recursos que podrían dedicarse a la atención real.

La banca: un servicio público

En la banca también, el interés privado de maximizar la ganancia va en contra del interés público de contar con un sistema financiero sólido y bien administrado. El interés público exige un sistema que administre los ahorros de la gente de forma responsable y que otorgue préstamos a consumidores y empresas a un costo razonable. Las fuerzas del mercado no funcionan adecuadamente, ya que los consumidores carecen de conocimientos sobre productos financieros. La banca y las finanzas se han convertido en un negocio tan complejo que no sólo los consumidores, sino también, los gobiernos e incluso los propios bancos no tienen el conocimiento y la información para tomar decisiones consensuadas. En mercados de servicios públicos esenciales que no funcionan bien, la única solución racional es que el gobierno se haga cargo de ellos. La banca es demasiado importante y demasiado opaca para dejarla en manos del sector privado.

Habría muchas ventajas en un sistema bancario público. En lugar del actual objetivo todopoderoso de los bancos, maximizar las ganancias, el sistema tendría múltiples objetivos alineados con el interés público. Además de ser rentable, el desempeño de los bancos sería juzgado en base a indicadores como la cantidad de crédito colocado con éxito en la economía real, el número de empresas apoyadas, el porcentaje de crédito recuperado, el crecimiento y la salud financiera de las empresas a las que se conceden los préstamos así como los del propio banco, el número de empleos creados con los préstamos, el "carácter verde" de las empresas apoyadas (es decir, la sostenibilidad ambiental de la producción y el consumo), el nivel de satisfacción de los depositantes y prestatarios, y la rentabilidad. Además, el beneficiario de los ingresos devengados sería el Estado y así, la ciudadanía y entre ellos, los contribuyentes fiscales.

Los bancos del gobierno se centrarían en el apoyo a la economía real, especialmente las pequeñas y medianas empresas. La banca volvería a su función societal básica: el apoyo a la economía real por la administración de depósitos y préstamos, y el apoyo a los empresarios en la obtención de capital para la creación o la expansión de empresas en la economía real. Los bancos públicos apoyarían acciones y ofertas de bonos, no para la especulación sino para la generación de fondos de inversión para ampliar y mejorar la producción en la economía real. Un sistema bancario público pondría fin a los bancos que participan en el exceso de apalancamiento, lo que limitaría la cantidad de dinero disponible para la especulación y reduciría el número y la severidad de las crisis financieras y económicas. Las grandes burbujas, las crisis financieras, y las recesiones subsiguientes serían cosas dcl pasado.

7.7 Oferta de servicios a través de organizaciones sin fines de lucro

Asociaciones exitosas

Hay una alternativa parcial para la prestación de servicios públicos: la oferta de las organizaciones privadas sin fines de lucro, como asociaciones o cooperativas. Un ejemplo de la oferta de servicios financieros por una organizaron tal es el mayor banco de Holanda, uno de los bancos más grandes de Europa, con las más altas calificaciones de crédito. Se trata de un banco cooperativo fundado originalmente por los granjeros holandeses. En los EEUU, las Cajas de Ahorros y Préstamos estaban funcionando adecuadamente hasta que fueron desreguladas en la década de 1990. A raíz de la crisis del 2007, las instituciones financieras asociativas o comunitarias han seguido sirviendo a sus clientes, frecuentemente gente de bajos ingresos, en medio de la crisis financiera, con beneficios suficientemente altos para la sostenibilidad institucional.

El riesgo con las asociaciones

Hay riesgos involucrados con la oferta de servicios por entidades sin fines de lucro. Los gerentes excesivamente ambiciosos podrían empezar a poner el afán de lucro por delante del interés de la membresía y de la sociedad en general: véase el escándalo en el sistema de Ahorros y Préstamos de EEUU. Además, especialmente en los países menos desarrollados, abundan las historias de asociaciones y cooperativas que han fracasado como resultado de administraciones corruptas. La evaluación de la organización privada sin fines de lucro, como una alternativa viable para la organización gubernamental para el suministro de servicios públicos, por lo tanto tendría que tener lugar sobre una base empírica fuerte. Tomaría en cuenta factores tales como el historial en el suministro de servicios, la transparencia y la capacidad de los miembros para el control de la gerencia.

7.8   El Estado no es el problema, es la solución

La importancia del Estado

Es hora de restablecer el Estado. Vamos revertir la veneración ideológica del sector privado y los mercados. Vamos a reconocer que no son sólo el capitalismo y la iniciativa privada quienes han llevado a la sociedad al enorme progreso económico y tecnológico que se ha dado en el último siglo: el papel del Estado ha sido por lo menos tan grande como el del sector privado. Sin duda, la empresa privada ha creado una riqueza enorme. Pero es el Estado que ha hecho que esto sea posible. Sin un acompañamiento activo del Estado, la empresa privada no podrá funcionar y la creación de riqueza no sería posible. Ha sido el Estado quien ha facilitado al sector privado los elementos esenciales para su desarrollo, en la forma de, entre otras, la infraestructura, una fuerza laboral educada y sana, la investigación, y un sistema legal funcional. Además, ha sido el gobierno que, mediante la redistribución de la riqueza excesivamente concentrada, ha contribuido a la formación de la clase de consumidores que compran los bienes y servicios producidos por la empresa privada.

Un Estado más fuerte promueve oportunidades y libertad

El argumento a favor de un gobierno más grande no es una incitación al socialismo, a un aparato productivo administrado por el Estado, o a la eliminación de los mercados. Es un argumento a favor de un Estado fuerte que controle los excesos del mercado, que regule o se encargue de los mercados que funcionan en contra del bien público, y que cree igualdad de condiciones para las empresas, para que los mercados funcionen no sólo para el interés privado, sino también para el interés público. Un Estado fuerte no significa menos libertad, como no se cansan de proclamar los conservadores. Un Estado fuerte significa más responsabilidad. Lo que no es reconocido ni por la ortodoxia ni por la corriente principal en la sociedad moderna es que una disminución del papel del Estado no se traduce en una mayor libertad individual, ni en una ciudadanía menos encadenada. Conduce a una menor protección contra los poderosos intereses privados, que puede tener repercusiones en los derechos y el bienestar de las personas. Un Estado fuerte puede proteger a sus ciudadanos, así como ayudarles a sacar el máximo provecho de la vida. Por otra parte, la reducción del papel del gobierno no se traduce en un mayor control sobre la propia vida, sino significa menos oportunidades y mayor exposición a los efectos secundarios de la implacable sed de lucro. Menos gobierno significa más poder, aprovecho y abuso por parte de las corporaciones empresariales.

8   CAMBIO, ACCION Y REACCION

Derribando la economía

¿Entonces, cómo deberíamos bajar la economía convencional de su pedestal y abrir el camino hacia la recuperación económica y el desarrollo sostenible? El argumento de ataque es sumamente simple. Es que el concepto básico de economía, la existencia de un sistema económico con su propia dinámica y sus leyes eternas y universales, no se basa en nada más que en fe. Hay amplia evidencia empírica de que la teoría básica de la economía convencional, la del equilibrio competitivo, es incorrecta. La fe, o sea, la creencia que no es apoyada por la evidencia empírica, no puede y no debería ser aceptada como ciencia, y nunca debería formar la base para la toma de decisiones de política.

Los no economistas no deberían tener problema alguno para aglutinar la capacidad intelectual para convencer a otros con este argumento. Empareje esto con el interés personal que todos nosotros tenemos en el derribo de la economía del pedestal en el que sigue posicionada, a pesar de sus obvios fracasos, y debería ser posible obligar a los economistas a reconstruir su ciencia desde el fondo.

Responsabilidad política

Al final, la toma de decisiones de política económica y financiera es responsabilidad de nuestros líderes políticos y burócratas de nivel superior – especialmente, los que encabezan nuestros Bancos Centrales y Ministerios de Hacienda. Una revisión radical de la política económica requiere, por lo tanto, convencer a ambos grupos para que sustituyan las irracionales políticas económicas y financieras que se aplican hoy día. Los líderes políticos, apoyados por funcionarios civiles, tendrán que decidir el nuevo curso de acción, utilizando políticas que resuelvan la crisis en vez de exacerbarla. Ellos tendrán que fomentar el desarrollo de la capacidad productiva de la sociedad y dirigirla hacia el desarrollo sostenible. Pero no pueden hacerlo si no están apoyados por la academia – incluso una minoría poderosa de economistas – así como por la prensa, otros líderes de opinión, y el gran público.

Una ventana de oportunidad

Nunca hubo una mayor necesidad que ahora para que la economía se revolucione, y más aún, en una revolución en las políticas económicas y financicras. La crisis dcl 2007, y la inhabilidad de nuestras instituciones financieras y de nuestros líderes para tratar el problema con eficacia, han abierto una oportunidad para un verdadero cambio. Es una ventana que puede ampliarse todavía más si, como muchos predicen, hay una segunda crisis en perspectiva, aún peor, causada por el estancamiento de la demanda, por el colapso de los mercados financieros debido a la falta de confianza, porque los gobiernos están sobre-endeudados, y porque los bancos están sobreexpuestos.

Un nuevo Bretton Woods

Otro colapso financiero y económico presentaría la posibilidad de que un enfoque como el aquí propuesto al menos se considerare – aunque sea sólo por la falta de alternativas.

Con el sistema financiero existente en deterioro, y con los mercados financieros y los bancos centrales contra las cuerdas, habría una oportunidad única para establecer un nuevo sistema. Esto podría ser hecho en una versión contemporánea de la conferencia de Bretton Woods que, en tres semanas en el julio de 1944, sentó la base para el sistema financiero vigente al día de hoy. Todo lo que se requeriría sería, como en Bretton Woods, la visión y el deseo de los principales economistas, como Keynes en el 1944, una dirección política fuerte, y el consenso de los gerentes de los principales bancos centrales.

Implicaciones políticas

Aún sin una segunda crisis, todavía persiste una urgente necesidad de considerar las ideas y estrategias propuestas en este libro – para el bien de las presentes y futuras generaciones. La inhabilidad de la economía convencional para tratar con la realidad económica y con el desarrollo de los últimos cincuenta años conduce no sólo al fracaso de abordar nuestros problemas económicos, sociales y ambientales. También, trae un gran riesgo de mayores tensiones sociales y políticas, y de extremismo político. La angustia económica y social en curso abre el camino para el populismo, para la demagogia y para algo que podría ser peor. Adolfo Hitler subió al poder en Alemania, en una manera legítima, cuando la Gran Depresión estaba en su pico más alto.

Un movimiento para el cambio

El ímpetu para el cambio requiere un movimiento. Un frente amplio debería ser formado por ciudadanos afectados: científicos críticos, economistas no ortodoxos, organizaciones no gubernamentales, políticos inconformes y otros líderes de opinión fuera de la corriente principal. Si los economistas son incapaces de inventar de nuevo su fe y convertirla en la ciencia entonces otros, sobre todo científicos, otros miembros de la élite intelectual, y los empresarios tendrán que entrar en escena. Es tiempo de actuar, porque la economía y la elaboración de política económica son demasiado importantes para ser dejadas a los representantes de la economía convencional.

Capitalismo, mercados y socialismo

Es importante enfatizar una vez más que un mayor rol para un Estado fuerte, como se propone en este manifiesto, no es, como los opositores argumentarán, una incitación al socialismo. La empresa privada y el capitalismo todavía serán fuerzas impulsoras en la economía. Para una nueva economía y un desarrollo sostenible la pregunta no es si el capitalismo debería ser sustituido por otro sistema, sino hasta qué punto el capitalismo debe ser controlado y manejado para el bien común. La pregunta es cómo el Estado puede aglutinar más efectivamente las fuerzas productivas de la sociedad y usarlas para el interés público, y cómo equilibrar el interés público con el interés privado. También implica un espacio de operación para las empresas con igualdad de condiciones, y crear un ambiente en el cual la empresa privada, sobre todo los nuevos negocios pequeños y medianos, que generan la mayor parte de la innovación y creación de empleo, puedan desarrollarse óptimamente. Eso también significa decidir el papel del Estado en proveer aquellos servicios que son esenciales para el bien común, pero que, debido a mercados imperfectos, son ofrecidos por el sector privado en una forma que lleva a la ineficiencia societal.

EPILOGO

Imagínese

Suponga que las ideas presentadas en este manifiesto se mantienen firmes en un examen más detenido. Suponga que ni siquiera los economistas más brillantes pueden encontrar defectos significativos en los razonamientos presentados. También suponga que queremos salir de la situación posterior a 2007, en que más y más gente pierde sus empleos, sus casas y sus sustentos, debido a una crisis financiera y económica que no se resuelve sino se prolonga. Suponga que también queremos ayudar a restaurar las vidas de aquellos que ya sufrieron por la crisis, que queremos mejorar las vidas de los miles millones de personas que viven por todo el mundo en privación, y salvar las vidas de los millones de gente pobre, sobre todo niños, que mueren cada año por falta de servicios básicos. Suponga que seriamente comenzamos a contabilizar el empeoramiento de nuestro ambiente y el uso no sostenible de los recursos naturales, para no poner más en peligro nuestro futuro y el de las próximas generaciones. Suponga que optamos por el único camino que, en la situación actual, permitirá poner la sociedad en camino al desarrollo sostenible: la creación de un nuevo sistema financiero que permita, bajo condiciones estrictas, la creación de dinero para uso por el Estado. Suponga que reconocemos que el obstáculo clave para esa opción es el dogma económico, un tabú económico alineado con un miedo irracional de la creación de dinero para el bien público. Un miedo sin base sólida, en la ciencia o el razonamiento fundamentado, empero sustentado en teorías y asunciones mal concebidas que sin embargo, han sido repetidas tantas veces que son consideradas como la verdad absoluta. ¿Suponiendo todo eso, entonces cómo progresar para lograr el cambio a algo mejor?

El reto: convencer a los cognoscenti

El desafío es enorme: lograr que una disciplina entera rechace tanto su principal modelo teórico y su enfoque de la realidad, para así reconstruirla desde el fondo. Pero hay aún un reto mayor, que es convencer a economistas, a políticos, y a burócratas financieros –los *cognoscenti,* como les llama John Kenneth Galbraith– para dar el siguiente paso: comenzar a considerar el diseño y la implementación de un nuevo sistema financiero que permita la creación de dinero para el bien público. El primer paso en el camino sería abrir el debate sobre los dogmas de la fe económica y las opciones económicas y financieras que resulten de desechar la fe en el equilibrio y el fetichismo de mercado. Al final de camino se reconocería que en principio, bajo ciertas restricciones, la creación de dinero para el uso por el Estado para el desarrollo sostenible no sólo es posible, sino necesario.

Quién?

Entonces, ¿quién pondría en marcha el proceso? ¿Quién tomaría las acciones necesarias para poner las propuestas en agenda, y fomentar su aceptación y elaboración? Como es poco probable que los economistas inicien por sí mismos el movimiento, tal vez un grupo de otros científicos, aglutinados en una especie de "Asociación de Científicos para una Nueva Economía", podría motivar a los economistas a hacerlo. Paralelamente a este esfuerzo habría un rol para la gran variedad de grupos de acción y organizaciones no gubernamentales que ahora se manifiestan en contra de la globalización y de una amplia gama de injusticias sociales, ambientales, políticas y económicas. Los objetivos son similares: casi todos estos grupos, de un modo u otro, luchan por el desarrollo sostenible. Los grupos de ambientalistas, los que luchan contra la pobreza, y los grupos anti-corporativos podrían convertirse en punta de lanza para un movimiento que libere a la sociedad de la camisa de fuerza que es la economía convencional y, por tanto, promover el desarrollo sostenible.

Crecimiento y sostenibilidad

Este manifiesto argumenta que la solución de la crisis y la generación del desarrollo sostenible requieren un crecimiento económico. Hay muchos que favorecen el desarrollo sostenible, pero abogan por un menor crecimiento económico, no más. Estos grupos parten, correctamente, de la premisa de que el crecimiento económico actual es ambientalmente insostenible y, por tanto, amenaza el futuro de la humanidad. Es importante enfatizar que este manifiesto aboga por un tipo diferente de crecimiento: la inversión y el empleo para lograr que nuestra economía y sociedad sean sostenibles. El crecimiento económico resultante reemplazaría las formas no sostenibles de producción y consumo por formas de producción y consumo que sí son sostenibles. Esperemos que los grupos y personas opuestos al crecimiento económico pueden hacer un compromiso, en el entendido de que una vez se logre el objetivo de una sociedad sostenible, su deseo por una sociedad sin crecimiento sería satisfecho. Tal sociedad se basará en una economía equilibrada sin crecimiento, en la que el crecimiento de la productividad se convertirá en más tiempo libre o, al menos, en actividades que no consuman los recursos finitos.

Un llamado a que nos involucremos

Este manifiesto concluye con un llamamiento a que nos involucremos. La convocatoria está dirigida a todos aquellos que, de corazón, se interesan por la humanidad. Vamos a desafiar a la elite económica para responder a las cuestiones planteadas, y lo haremos con argumentos. No permitamos que los economistas, los políticos y otros expertos sacudan los puntos de vista de los no economistas con el argumento de que se necesita un economista para juzgar la economía. Es difícil cuestionar un experto en su propio terreno. Pero es factible: el reto puede alcanzarse si el enfoque es correcto. Nosotros no tenemos que entrar en el edificio de la economía y discutir su superestructura o interior - un debate que como laicos sin duda perderíamos. Tenemos que concentrarnos sólo en su punto más débil, los fundamentos - una subestructura tan endeble que derrumbarla deber ser posible aún por los no iniciados.

Una guerra cuesta arriba

Los argumentos para derrocar a la superestructura son, como hemos visto, muy simples. La idea del equilibrio se basa en la fe; y el intento de capturar los resultados de la toma de decisiones humanas en modelos matemáticos es una locura. La lógica es ineludible y en un mundo racional daría lugar a un debate que no podría perderse. Pero nuestro mundo no es racional - hay emociones en juego e intereses en el pastel. De modo que la batalla será ardua. Sin embargo, habrá que lucharla – con el apoyo de todos aquellos que se preocupan por nuestro destino, el de nuestros hijos, y el del resto de la humanidad.

NOTES

[i] El manifiesto y el libro pueden ser bajados, sin costo, como archivos pdf de www.new-economics.info,
 y pueden ser ordenados en versiones impresas en www.lulu.com.

[ii] John Kenneth Galbraith, *The Culture of Contentment*, 1992

[iii] *The Economist*, July 18, 2009

[iv] En pocas palabras, el dinero se ve como algo vinculado a la oferta y a la demanda de bienes y servicios, ya sea directamente, a través de la compra para el consumo o la inversión, o indirectamente, a través de ahorros. El dinero ahorrado se supone que se deposita en los bancos, quienes prestan a los consumidores, productores o el gobierno, que lo usan para financiar consumo o inversión.

[v] Fuera de la economía convencional hay economistas, mayormente de orientación liberal, que han tratado de valorar los bienes públicos e incluir esos valores en el cálculo de los niveles de riqueza nacional. Sin embargo, estos esfuerzos no han sido dirigidos a la economía convencional, como resultado de lo cual medidas como la renta nacional y la riqueza nacional representan sólo la producción y activos con un valor monetario.

[vi] Los economistas justifican el postulado que el aumento de los impuestos se traduce en menor crecimiento refiriendo a sus modelos, que muestran que este sea el caso. Pero eso es porque los supuestos que subyacen a ese resultado son, de un modo u otro, integrados en los modelos: obviamente, lo que usted pone en el modelo es lo que obtiene.

[vii] Aunque no del todo, o no todavía: a principios de 2012 el crecimiento económico en EE.UU. volvió a subir porque los préstamos alcanzaron un nuevo récord - incluso superior a los niveles previos a la crisis. La pregunta es: ¿cuánto tiempo puede sostenerse esta ola de endeudamiento renovado? En algún momento se vencen las facturas.

[viii] *Newsweek* Junio 11, 2007

[ix] El Dinero, p. 313

[x] Un tipo de razonamiento que consiste en pasar de un conjunto de datos específicos a una conclusión general. El razonamiento inductivo se utiliza para la construcción de teorías: los hechos concretos se observan y analizan para crear una teoría que explica las relaciones entre esos hechos.